2015年10月，张超凡参加江苏卫视《一站到底》。

2015年10月，张超凡参加CCTV2《惊喜连连》，"追梦天使"正能量爆棚，获封"央视最受观众喜爱女选手"。

2016年4月，张超凡作为中国青年代表参加 CCTV1
《开讲啦》五一特别节目和李宁专场节目。

2017年1月，张超凡参加CCTV1《中国诗词大会》第二季，
"心于一艺，其艺必工"，被称为"励志女神"。

2018年2月，张超凡参加上海卫视连续五年长三角地区
最受欢迎的教育节目《成长嘉年华》。

2018年8月，张超凡参加共青团长春市委主办的《青年演说》特别节目。

2020年12月，张超凡作为河北卫视《我中国少年》节目梦想导师与学员合影留念。

2021年9月，张超凡受中共日喀则市委宣传部邀请录制《开学第一课》，激励日喀则青少年向上向善，争做新时代好少年。

2023年1月，张超凡作为第八届全国道德模范，在"吉林省先进典型人物大拜年"活动中向全省人民送上新春祝福。

有幸被照亮
也想成为光

张超凡 著

人民日报出版社
北京

图书在版编目（CIP）数据

有幸被照亮，也想成为光 / 张超凡著. —北京：
人民日报出版社，2023.12
　ISBN 978-7-5115-8111-2

　Ⅰ. ①有… Ⅱ. ①张… Ⅲ. ①张超凡—自传 Ⅳ.
①K828.6

中国国家版本馆CIP数据核字（2023）第237733号

书　　　名：有幸被照亮，也想成为光
　　　　　　YOUXING BEI ZHAOLIANG，YEXIANG CHENGWEI GUANG
著　　　者：张超凡

出 版 人：刘华新
选题策划：鹿柴文化
特约编辑：王晓彩　　张　娜
责任编辑：张炜煜　　贾若莹
封面设计：@框圈方圆

出版发行：人民日报出版社

社　　　址：北京金台西路2号
邮政编码：100733
发行热线：（010）65369509　65369527　65369846　65369512
邮购热线：（010）65369530　65363527
编辑热线：（010）65369514
网　　　址：www.peopledailypress.com
经　　　销：新华书店
印　　　刷：大厂回族自治县德诚印务有限公司
法律顾问：北京科宇律师事务所　010-83622312

开　　　本：880mm×1230mm　　1/32
字　　　数：166千字
印　　　张：9.25
版　　　次：2024年4月第1版
印　　　次：2024年4月第1次印刷

书　　　号：ISBN 978-7-5115-8111-2
定　　　价：59.00元

前言

单翼搏风雨　云开自超凡

每个人都会有自己的梦想，无论是孩童时仰望星空的天真憧憬，还是长大后翻山越岭的行色匆匆，在抵达梦想之前，都在日复一日地努力。

成长有时候是一个孤立无援的过程，你只有努力强大起来，才能获得生活的厚待。

时代各有不同，青春一脉相承。人生的舞台上，我们既是主角，也是观众。在青春的这一篇章里，自始至终，我们只需要对自己的镜头负责就好。不要太在意他人的眼光，你真正需要取悦的不是别人，而是自己。

打开这本青春之书，记录下的是我从儿时因先天左臂的缺失怯懦不勇敢，到第一次战胜自己身体极限，选择成为一名专业速滑运动员，风雨过后最终夺冠的"泪目时刻"；

是初中时在实验班成绩垫底,我妈妈开家长会之前都要先吃去痛片,却在家长会上被老师点名鼓励说:"张超凡这孩子,写得一手好字,一篇好文章,还有一个阳光的心态,注定她会成为高手,慢慢来,只是时间的问题。"在老师和家人们爱的鼓励与浇灌下,奋起直追,最终夺得全国艺考总分状元的"高光时刻";

是大学时因为我从小"大舌头"吐字不清,不敢台前发言,到一个人的出现点燃了我,成为北京市演讲大赛冠军、全国演讲大赛冠军,进入北京市教工委宣讲团,二十五岁入选中央宣传部等国家四部委"圆梦中国人"事迹报告团站在人民大会堂代表中国四亿青年为梦发声的"璀璨时刻";

是大四时面对北京保研还是南方高薪企业的抉择时,义无反顾选择在"大众创业,万众创新"的时代浪潮下返乡创业,饱受他人争议,在自身的挣扎、纠结、徘徊和悲喜中学会独自面对生活中的困难和挑战,同时接纳内心的笃定与确信,成为拥有百万级粉丝的"90后"创客女校长的"无悔时刻"……

本书记述了我从出生到创业中期的经历,这虽只是我生活的一段路,但一定是不容错过的那一段。因为,任何人的成长与成功都离不开他青少年时期的经历,与其羡慕他的辉煌,不如真真切切走进他的生活,去用心体悟他是如何穿越惊涛骇浪挺过来的。或许，人生的最大意义，不是为了奔赴某一目的，而是无悔地去承担起每个过程。

自2017年2月《生活总会厚待努力的人》出版后，我遇见了很多"有趣的灵魂"，我们在不同的城市互相温暖并激励着，大家的"偏爱"让我渐渐成为一个自信的女生。也让我明白，真正的自信，是一种发自内心的自我认同感，是一种厚积薄发的力量，也是一种自我认可的人生态度。27岁时，我作为中国脱贫攻坚宣介大使随国务院新闻办出访欧洲，并用英文向世界讲述中国故事；同年，我创办"超凡梦想公益基金会"，累计募集资金和物资超过1000万元；29岁时，我受到国家最高领导人接见；30岁时，根据我的故事整理的《挫折也精彩》登上吉林省中小学生教材《家乡》的六年级上册……

《生活总会厚待努力的人》重新出版，我将其更名为《有幸被照亮，也想成为光》，重新排版，并增加了些照片。希望它如同黑夜里的火焰，照亮智慧，照亮温暖，也照亮我们彼此继续前行的道路。

我是一个在时光的打磨下，慢慢成长起来的女孩，更是新时代背景下千千万万拼搏奋斗者的缩影。在这个飞速发展的时代里，耽于名利，急于求成，有时候只会适得其反，让自己活得很累又总是心有不甘。

其实，慢慢来的背后，是岁月静好后的洒脱与从容。

在我的青春故事里，你会发现：成长真的不是一件急于求成的事情，不要因为他人的眼光与评论改变自己生活的节奏，努力拼搏过后生活终将会给予我们答案，只有这样，才能走得更高、看得更远，最重要的是，你才会会心一笑。

慢慢来，也是致敬生活的一种诚意。

亲爱的读者朋友们，希望当你打开这本书的时候，能够怀着一份简单又朴素的心情，走进超凡的世界，或许你会随着我的故事一起哭，或许你会随着我的故事骄傲地拍手称快，或许你会感慨生活的不易抑或是生命的偏爱……

但请记得，我是超凡，我不是超人。

我只是一个充满梦想并努力在岁月的长河里拼命奔跑的"慢节奏"女孩。正如我在江苏卫视《一站到底》中的那段经典对白："想要就去争取，我们天生就是战士！"只有想不通的人，没有走不通的路。这本书会用真实的故事讲给你听：遇到绝境并不可怕，风雨过后真的不一定会有彩虹，或许会遇到更强大的寒风暴雨，只要你不被自己打败，就能够战胜软弱，慢慢成长为闪闪发光的生活勇士。

当下的生活，我们时常会被孤独席卷。当表达无人理解，当倾诉不知与何人言说，愿你我能有机会在书中相遇，愿我能陪你一程，哪怕只有一程。

单翼尚能搏风雨，云开也定会超凡。

亲爱的朋友，当你累的时候就抬头看看云吧，万物皆有裂痕，那正是光照进来的方向。愿你前程一路繁花相送，前途无限，所愿皆得。

张超凡

2024年4月

目录

Chapter 1

你可以不完美，但一定要努力

我活着就是一个原创，是这人生王国里最美丽的一员。

01	别把好时光用来和不完美的自己较劲	001
02	梦在远方，花在路旁	010
03	你所追求的梦想，就是你向往的远方	024
04	奔跑着，追寻夜空中最亮的星	032
05	因为你，我爱上了全心投入的自己	040

Chapter 2

一个人如果没有梦想，
和咸鱼有什么区别？

永远给自己一个梦想，
即便它很远

06 岁月不会辜负每一个平静努力的人..........................047

07 憧憬美貌，是我们每一个人应有的信仰..................054

08 让我战胜黑夜的，真的是理想..............................064

09 在偷来的时光里，与青春赛跑..............................072

10 任凭我有七十二变，都"逃"不出你爱的指尖............082

11 生命中每一个闪闪发光的瞬间，都有你不曾缺席的爱...092

Chapter 3

人生从来
都靠自己成全

身处人生低谷时头顶的天空大小，
取决于你凝望它的角度。

12　在寂寞时光里，逼着自己去成长 105

13　在最艰难的岁月里，将人生变得美好 114

14　学会放手，幸福需要自己成全 123

15　愿所有的相遇都恰逢其时 134

16　总有一种远方，让你心驰神往 144

17　每一次荣光，都有许多流言蜚语的过往 152

Chapter 4

没有灵动的翅膀，
但可以脚踏实地

窗外阳光再如何晴好，
不去打开，也是枉然。

18　跟自己赛跑，比战胜对手更好玩 159

19　自信水流东，花开半夏 164

20　另一扇窗外，阳光满满 171

21　因为喜欢，所以欢喜 177

22　毫不费力，是因为足够努力 183

23　最美好的时光，永远在当下 192

Chapter 5

温柔地对待这个世界，温暖去爱

社会如汪洋，小丑鱼有小丑鱼卑微的快乐，鲸鱼也有鲸鱼生存的烦恼。

24　生活不会把什么都给你 ……………………… 203

25　梦想，从不为逃避打掩护 ……………………… 210

26　慢即是快，安静之中充满力量 ……………………… 216

27　谁都没有帮助你的义务 ……………………… 221

28　做自己，就够了 ……………………… 228

29　独一无二地活着，挺好 ……………………… 232

30　在不断地试错中找到方向 ……………………… 239

Chapter 6

TA 说

超凡可以做到的，
我相信，你也可以。

31　即使翅膀断了，心也要飞翔 245

32　想想你自己，没有不可能 249

33　凡之不凡 254

34　天使在人间 260

后记　265

CHAPTER 1

你可以不完美，
但一定要努力

我活着就是一个原创，
是这人生王国里最美丽的一员。

还是小女孩的时候，我常常会期望自己是一个公主。可期望总是和现实背道而驰，有时看着自己左手空荡荡的袖管，心里就会布满阴霾。

别把好时光用
来和不完美的
自己较劲

如果我有魔法

每次我跟家人出门，都会听到这样惊人相似的对白：

"这孩子手是出啥车祸了？"

"天生的。"家人淡淡地说。

"胎带的啊，白瞎这孩子了！趁年轻，你俩赶紧再要一个啊，要不孩子以后多孤单！"旁人看似关切又激动地说了很多。

"孤单"这个词儿听到的次数比我说自己的名字都要多，邻里或许不知道谁叫超凡，但都知道七号楼住着一个可怜的"暴脾气女孩"。

我父母的爱情故事是亲友口中的佳话。十七岁就拿全国风筝大赛冠军的爸爸长相俊朗，从小就是公认"校花"的妈妈才华出众，他们的相识是由奶奶牵的红线，两个人走到一起在别人眼中就是天作之合。但我的出生，却将全家带进了一片黑暗森林。那是1992年，被称作金猴年，预示着吉祥如意，可众目期待下降生的女孩竟然没有左小臂。在众多亲人的质疑声中，慈善的奶奶却坚决要把孩子养大。

因为与众不同的身体，小时候的我孤单而自闭。也因此，家人为我买了堆积如山的玩具，我的绘画天赋大概就是在这时萌芽的。

听家人说，我经常一声不吭地低着头、盘着小腿，坐在地上绘制着自己的童话王国，还会用缝纫机给小娃娃裁制衣服。虽然当时家里并不富裕，但我的内心是充满希望的，对长大有着无限的遐想，觉得长大了，就真的能从灰姑娘出落成公主了。有时候画累了，在睡梦中我就真的成了一位美丽的公主，有着一双羽翼丰满的白色翅膀，双手握着魔法棒，身上发出灿烂的光，收集着一种名为"羡慕"的目光。

可每当妈妈为我煞费苦心地一次又一次"请"来了小伙伴，小伙伴却总是不过十分钟就被我连摔玩具又眼含愤恨泪水地撵了出去。我不想再让那些所谓的"小伙伴"在做游戏说到"小河流水哗啦啦"的时候，就都来没完没了地摇动我的空袖子；我不想再听到那些杞人忧天的大人再给我家里人出要个弟弟的"好主意"。

如果我有魔法，我一定画一个保护圈，拒绝他们以"同情"的名义入侵我的王国。

"小猴子"

人终究还是会长大，也无法总活在自己的世界里，即使有一百个不情愿，我还是逃脱不了上幼儿园的"厄运"。家人不可能都不工作在家照顾我吧！每天上幼儿园我都会哭得像个泪人一样，恨不得最后一个进去，晚上第一个被认领回家。

那时的我，真的觉得上幼儿园就是噩梦。没有人愿意和大夏天还拖着长长袖子的丑女孩一起玩，更不会有人愿意和始终侧身走路，左小手臂紧贴身体且双肩不平的怪孩子为伍。在别人眼中，我是一个异类；而在我的眼前，总有一道透明的墙，将我与外界隔离开来。每次午睡的时候，我都会蜷缩在不透光又阴冷潮湿的下铺角落里，眼睛偷偷瞄着别人的动静。等所有小朋友都睡了，我才能安心睡一会儿。

当我已经习惯这样孤单的生活时，是"小猴子"捅破了隔膜，将我从自己的世界里拉了出来。

"小猴子"是转学来的新同学，我始终记得那个阳光灿烂的下午，下课时，他跑到了我的面前，笑嘻嘻地自我介绍：

"嗨，我叫小猴子，新转来的，你叫什么名字？"

"我？我叫张超凡。"我怯怯地回答道。

"那我以后就叫你凡凡好啦！遇到任何困难你只要叫一声小猴子，我就会出现在你身边，把所有的坏人打跑……"随即他摆出了大力士的姿态。他可能永远不会知道，当时幼稚的他，穿着红色的小背心，洒在他脸上的那抹温暖的午后阳光，伴随着"凡凡"这么陌生又亲切的名字，帮助一个被自己反锁在"城堡"里的女孩走了出来。

我突然间觉得，原来这世界上美好的不仅仅是自己的小世界，小世界之外还有一片更大的世界。我开始鼓起勇气跟他交流，讲解着我画的童话王国，开始试着去分享——每当幼儿园分的饼干不够他吃时，我会把我的分给他。我一度对这种给予有点"上瘾"，甚至把阿姨分的包着糖衣的打虫药也送给他吃了！

班主任眼中的我

　　在一次幼儿园运动会上，我被安排参加赛跑，在全场人期待的目光下，我空荡的袖管如我的心情一样瑟瑟发抖。小猴子鼓励我说："凡凡，把你的袖子挽起来才能跑得快。"

　　当我代表小组第一个冲过终点线时，原来远离我的同学们蜂拥上前，我们抱在了一起，我开心得连头花都掉了。那一刻，阳光耀眼得让人想哭，我第一次觉得我和别人没有区别。

　　所有的事就像是连锁反应，从那以后，好事也一件一件接踵而来。

　　我一直对"小猴子"心存感激，上小学之后，虽然我与他不在同一所学校，他的话却一直印在我的心里。也正因此，我的内心变得强大起来，绘画的天赋也随之展现出来，周围的人也不再把我当作异类。

　　很多年以后，在我老师的书中，我读到了关于自己的故事，其中一段是这样的："我曾很用心地记录着这样一幕——黄昏时分的大教室，光线柔和温暖地洒进来，一个个头儿不高、扎着花绸子小辫的小公主，站在几个男同学扶着的桌子上，时而起立，时而弯身，细心地画着一个属于五年级二班的童话世界。我见证了小小年纪的她拿到了中国书法绘画摄影大赛的双金奖，成为吉林省速滑大赛冠军，速滑与游泳都不在话下。超凡自信而坚强，在我眼中，她是这王国里最独特的公主。"

这位老师是我的第一任班主任，有个很甜美的名字，叫施怡，那时的她还只是个二十多岁的姑娘，有一头漂亮的黄色卷发。她爽朗大胆的做事风格，帮助我变得更好，是她第一个教我用钢笔写字，让我第一批入了少先队、第一次当班干部做了宣传委员，当然，也是第一次有人把我写进了书里。

在人生低潮的时候，感谢那些向我伸出援手的人，是他们帮我找到了一个心灵的暗号，那便是——只要我们努力地去热爱生活，敞开心扉接受不完美的自己和接纳与自己相遇的人，生活的馈赠就会是丰富多彩的。每个人都拥有一根画笔，能绘制出别样的生活，就像丑小鸭会变成白天鹅，灰姑娘也会受到王子的垂爱。

我们每个人的生命中都有一份不可替代的遇见。不要把时光用来跟不完美的自己较劲，要学会展现自己的独一无二，微笑地对世界说："我活着就是一个原创，是这人生王国里最美丽的一员。"

**梦在远方,
花在路旁**

安静的夜晚,我不止一次问过自己:

曾经的梦想,满怀的期待,有一天都会实现吗?

所有的付出,走过的时光,终究不会被辜负吗?

我们每一个人都曾在梦想的道路上摸爬滚打,或是抓住了机遇享受着胜利的荣光,或是生不逢时从而一败涂地。

然而,在这途中最快乐的并非那些收获金钱、地位的人,因为梦想和欲望就好似那高处不胜寒的山峰,唯有懂得欣赏沿途的风景,用心去体味过程的人,才会收获真正的幸福。

玉龙雪山

从看《还珠格格》时起,我就对一座城市充满了期待与幻想,那便是主人公们想要逃离皇宫,想要"一箫一剑走江湖"的人间天堂——云南大理。

小月姐是我在云南旅游时的地接导游。

她豪爽的性格与海量的知识如这座城市一样吸引着我。她是位老到的导游,我们到达丽江后,为了避开大批观光的游客并欣赏到最纯粹的美景，凌晨四点半，她带领我们顶着漫天的雪花驱车前往以"险、奇、美、秀"著称于世的玉龙雪山。

早起的我们在车上异常安静，时不时上眼皮就挨上了下眼皮。一个长得如"善财童子"的小男孩天真地问道："小月姐姐，为什么叫玉龙雪山啊，难道是里面睡着一条巨龙吗？是像孙悟空一样被压在地下出不来了吗？"

一阵笑声过后，困意如被玉龙卷走一般，好多人共同的疑问被这个"小福娃"问了出来。大家都在期待小月的回答。

小月姐说："路途比较远，本想让大家睡一觉再讲的。我们纳西族民间流传着一个神话故事——玉龙雪山与哈巴雪山是一对孪生兄弟，在金沙江淘金度日。一日从北方而来的恶魔称霸了金沙江，并且用宝剑砍掉了哈巴雪山的头颅。哥哥玉龙雪山愤怒之下与魔王大战三天三夜，一连砍断了十三根宝剑，救了所有族人，终于把魔王赶走。玉龙雪山日夜举着十三把宝剑，防止魔王侵扰。后来十三把宝剑变成了十三座山峰，玉龙雪山也被当作我们纳西族人民的精神象征。"

听到这样动人的故事，大家瞬间对这个即将看到的国家5A级风景区更多了一分向往。一小时后，我们抵达了玉龙雪山，天微微亮，雾气笼罩下的雪山更加神秘。高山雪域风景位于海拔四千米以上，我和妈妈在山脚下租了棉服和氧气瓶，乘坐大索道缆车缓缓去往山顶。

　　每个大索道缆车车厢可以承载六人，坐在我对面的是一位语文老师。她拿出手机用视频记录下了沿途的风景，还美美地对着前置镜头说：

　　"我现在在前往玉龙雪山山顶的大索道上，空气还不算稀薄，身体可以承受得了。沿途的玉龙雪山真是变幻莫测，有时云蒸霞蔚，时隐时现，犹如在人间仙境一般；有时碧空如水，群峰晶莹耀眼，如仙女飘落在人间；有时云带束腰，皎洁宁静，似乎在讲述着最为动人的故事。"

　　阳光透过窗户洒在她的脸上，温暖而梦幻。我被她眉宇间的喜悦与出口成章的才华所吸引，觉得和她同行，山间都有了神采。

　　对面的另外一位是一个摄影师，他通过镜头来捕捉这让他痴迷的景色，兴起时还站起来抓拍。晃动的缆车好像在提醒他要遵守游客安全守则，他马上又坐下对我们笑笑表示歉意。一会儿，他又将镜头转向我们一家三口，记录下了我们全家幸福的笑容。

　　十五分钟的大索道之旅并不孤独恐惧。整个缆车里充满了幸福的味道，素不相识的旅友，被大自然的鬼斧神工深深地吸引在了一起。

　　抵达山顶的那一刻，些许的兴奋与尖叫过后，大部分人开始合影留念，在纪念碑附近挤着拍了几张照片证明自己曾经来过；刺骨的凉风与漫天的雾气促使人们又匆匆忙忙地乘坐大索道缆车下山了，有人边走边抱怨着"不过如此，白起个大早"之类的话。

然而，我避开了最为拥挤的合影区域，站在山边感受着大自然的美。很多登山运动者喜欢说：我们登上了哪座山峰，人类又征服了多少高度。其实，群山何时被我们征服过？仅仅是登临的那一瞬间，我们与自然彼此接纳了而已。

人与自然的关系，归根结底，是如何找到一个更为广阔的、更为超越的坐标系统，从大美不言的自然中发现自己的内心。

我转过头问小月："小月姐，你作为导游，这些著名景点一定来过无数次了吧，不会腻吗？会有麻木的感觉吗？"

小月笑笑说："不会啊，我从云南大学毕业就一直做导游，从业已经快二十年了。我去了国内外很多名胜古迹，悟出了一个道理——真正的幸福，不只在于抵达目的地的欢愉，更在于欣赏了这一路沿途的别致风景。"

"是啊，或许雪山最美的景色并不在最高的山峰，而是这一路乘坐索道时见到的变幻多姿的大自然和结识的这群懂得欣赏知足的旅友。"说完，小月姐与我相视一笑。

目标就像一座高山的顶峰，即使我们天天看着它，但是如果不背上行囊去攀爬，一切有关爬山的故事都不会发生，一路上美丽的风景也将与我们无缘。

当我们迈出第一步的时候，我们就进入了生命中最值得纪念的过程，一时一刻的感动，一草一木的芳香，或对一个人的刻骨铭心都在这个过程中展开，充盈着最美好的生活记忆。

再也不惧怕说话

生活中的我，是一个可以在苦中品尝出甜味的姑娘。

我曾用了一年时间，每周三次乘坐近六个小时的地铁与公交往返于房山区与海淀区，去清华大学辅修"演讲与口才"的课程。

这门课程上课的时间是晚上七点半开始，为了能让老师多指导一下我的演讲，下午三点我就会背着笔记本、单反相机或录像机、厚厚的材料，乘坐房山线转乘4号线到圆明园下车，再坐公交车前往清华大学西门，有时幸运能够在校内搭乘班车游览一下学校风景，直至晚上六点半左右才能见到颜教授。

颜教授的"演讲与口才"课程在清华大学的选修课中是大热门，出口成章、口吐莲花的颜教授更是被同学们誉为"男神"，六十多岁的年龄依旧像青年一般充满热情与活力。我对他最深刻的印象就是背着一个双肩包健步如飞地奔走于清华园中，那速度与体力让一般青年人都望尘莫及。

遇到美景时他还会拿出包中的相机进行拍摄，并开心地给我看他的作品，骄傲地说："我可还是中国摄影协会的会员呢！"

微信、微博等一些社交平台被他经营得红红火火，他每天下课后都会实时更新，给他的信息点赞成了我那段日子习惯并觉得幸福的事情。

我曾问过他："老师，您一周要奔走于两三座城市之间，在各地传授演讲与口才技巧，哪来的这份热情与力量呢？"

老师反问道："那超凡每次上课都要从五环开外的良乡大学城赶来，晚上到学校都快十二点了，不会觉得累吗？"

我有些不好意思，笑着说："以前真觉得往返六个多小时路上的时间会很难熬，可是渐渐发现这一路上我可以很高效地背很多绕口令和诗歌，并且通过这段时间的学习认识了很多优秀的同学，现在不仅不会觉得累，而且还很期待。"

老师说："所以，我每天的力量就源于这沿途的风景和每一站可以遇见的人。会说话，得天下。我希望能够把这份演讲事业做到自己走不动的那一天，让这门课程有更多的人能讲，能够传递更多幸福。"

我很珍惜在清华大学学习的日子，虽然路途很遥远，可心的距离却是那么近。

在这途中，我认识了"红领巾少年"颜教授，让我在坚持不住时只要想到他就会血脉偾张，挑战自己的极限；我结识了两个最好的同桌，一个是缅甸留学生俊福，他让我明白：善良的女孩运气永远都不会太差，要心怀感恩地去珍惜每一天；一个是已经

硕博连读的博哥，在他身上你能发现效率至上。

我也因为这段最难忘的时光成为一个再也不惧怕说话的女孩，以至于后来幸运地拿到了全国演讲大赛的冠军。让我感到骄傲的并非手中的水晶奖杯，而是沿途遇见的最美的独家记忆。

当我告诉颜老师，我在写一本书的时候，颜老师特别高兴地为我写了一段话：在我的数万名演讲学员中，超凡是最勤奋、最刻苦、最有悟性和灵性、最超凡脱俗、万里挑一的演讲者。她天资聪颖、正直善良、大方美丽、虚心好学、乐于助人、懂得感恩，中华民族优良的传统美德在她身上体现得淋漓尽致。超凡是当代大学生的佼佼者，是当今社会自强不息的杰出代表，是《有幸被照亮，也想成为光》的名副其实的代言人！

在时光中，有时我们会感到命运的不顺或者造化弄人，我们过分地期待了目标的实现，也过分地夸张了困难的程度。我们在仰望别人的成就时却丢下了自己的姿态，我们在懊悔曾经的错误时却辜负了今日最美好的光阴。

其实，梦想固然不是触手可及，但每一天都会因你的珍惜而芳香弥漫。每天都有无数鲜美的草莓等待着我们去采摘。

希腊神话中有一个人物，叫作西西弗斯。因为他犯了错误，宙斯就惩罚他，让他把一块石头从山脚推到山顶，再从山顶推到山底。他就这样日复一日、周而复始地推着石头，痛苦不堪。

但是终于有一天，西西弗斯嘴角露出了微笑。他发现，他在推动石头的过程中，遇见了世间最美好的风景，推过了春夏秋冬，推过了风花雪月，推过了电闪雷鸣，也推过了鸟语花香。

天上的飞鸟曾为他歌唱，路边的小兔子曾为他跳舞。西西弗斯推出了勇气与耐力，推出了胸怀与智慧，更重要的是：他推出了生活的真谛。

亲爱的朋友，请在与众不同的每一天中，用心去感受过程带给我们的恩赐与生命的美好。

《西游记》中有九九八十一难，人生也同样是起起伏伏。将困难视为生活的一种问候，梦在远方，花在路旁。用心去体味过程之美，就一定能够幸福美满地度过一生。

重温《肖申克的救赎》，里面有句话让我铭记于心："有些鸟注定是不会被关在笼子里的，因为它们的每一片羽毛都闪耀着自由的光辉。"

你所追求的梦想，就是你向往的远方

我想它绝不会是凤凰，出身高贵，生来享有万般荣光。

它应是一只天资平凡却也要倔强飞翔的"追梦鸟"。

《"村"天来了》

我从小就特别羡慕有独到见解，能够在众人面前出口成章又侃侃而谈的人。之所以用"羡慕"这两个字，是因为我一直在仰望与崇拜。

于我而言，语言表达就好似一座巍峨的高山，缭绕的烟雾让它更加具有神秘的色彩，让人望而却步。小学时的我是班级中的"大舌头"，每每都快要"咬舌自尽"了，平翘舌音也还是会说错。仍记得，我当时的一个习惯动作就是，只要老师说"请一位同学朗诵一下这段课文"，我就会迅速弯下腰，将头藏到书本后面，唯恐和老师的一个对视或者心理感应会引得老师叫我起来读课文。

好好的一篇《春天来了》，被已经用心摆动舌头的我读成了"村"天来了，引得同学们捧腹大笑。我的脸涨得如充满气的皮球，恨不得能够有一种魔法，可以把刚才难堪的场景统统抹掉。

我曾在梦中因不会表达而被人误解，委屈得哭醒。我是多么想跟她们一起，在一个温暖的午后谈天说地，乐得合不拢嘴。能够在大家面前侃侃而谈，收获认可与掌声的愿望如烈焰一般燃烧着我。

幸运的是，我的绘画天赋为我打开了一扇窗。为班级制作黑板报，设计班旗、班徽，让身在理科实验班的我"火"了一把，很多慕名而来的班主任和同学来我们班级参观。我们的班主任发哥还让我站在讲台上讲一讲我的设计创意，在掌声的鼓励下我说出了这些设计的联想，意味着"艺飞冲天"，还将不同颜色所赋予的意义一股脑儿地讲了出来。

我站在讲台上，看到他们崇拜与喜爱的目光，竟不自觉地讲了许久。自此，很多同学开始叫我"超凡"。

我们每个人身上都有无限的、独特的潜能，如拥有某种才华、技艺、让人开心或者投入的本领等，它们就好像是生活道路上赐予我们的礼物，等待着我们去探寻。

如果说你还在寻找你的位置或是追逐的方向，寻找的方法其实很简单：想想你是否曾疯狂地渴望做成一件事，并且这份热忱并没有因为时间的流逝而减少，每当想到成功时的模样你就会微笑。如果有，那么，这便是梦想，梦想的方向就是你应当追寻的远方。

《用右手撑起一片晴空》

大学我如愿考入了北京，开学不久就迎来了大学盛况空前的"百团大战"招新。各种琳琅满目的条幅挂在大街小巷，还有身着汉服、西服、动漫服饰等装扮的学长学姐坐镇广招英才，那热闹劲儿就像进入了电影中的场景。

"会说话，得天下！演讲与口才社欢迎你的加入！"这颇为霸气的口号与整齐的队列让我停住了脚步。在她们的眼神中，我看到了独一无二的自信与笃定，这种自信与笃定如一道光照入我的心中，唤醒了儿时的梦想。我当场就填写完了社团报名表，交了甲级社团的会费，成了一名正式的社员，心想着即将拥有许多志同道合的朋友。

说来也巧，学校那时正在协助承办"北京市志远杯高校联合演讲大赛"，能够获得名次的同学就可以直接加入校演讲队。那份莫名的冲动驱使我撕了一条报名电话，发送了我的个人信息。

初赛的选手有二百多人，她们不但观点明确而且落落大方，是北京市各个高校的精英，这其中有来自中国传媒大学播音主持系的专业选手，有来自清华、北大的才子佳人，还有来自地质大学的声音雄浑的国防生，等等。在众多慷慨激昂的演讲中，我却以平凡温暖的小故事让评委耳目一新，最终幸运地直接晋级总决赛。

总决赛的主题叫作"我有一个梦想"，最终成绩由专家评分和大众投票组成。面对这样一篇演讲稿，我秉着超乎寻常的耐心，虽不敢说字斟句酌，但也算得上用心良苦。

印象最深的就是，那一段时间北京总下雨，我顶着迎面而来的雨点冲进图书馆，一个人一写就是一整天。听着键盘被敲击时发出的微弱声音，我心中生出一丝丝成就感。

我将生活中平凡却美好的瞬间编织在一起，用质朴的语言来描绘温暖的画面，把一个独臂小女孩希望用右手撑起属于自己一片晴空的梦想描绘得唯美动人。情到深处，泪水不自觉地滴落键盘。默默无闻的岁月里，我竟靠着一份热爱坚持到现在。

两周后的总决赛上，我人生中第一次面对数百人演讲。当我说出我的题目《用右手撑起一片晴空》，台下很多原本听得疲倦的观众瞬时抬起了头，好奇地看着台上的我。当我分享到自小体弱多病的女孩竟通过魔鬼般的训练成了速滑大赛冠军，掌声热烈地响了起来。

"能够成为爱我的人的骄傲，是我今生最初和最大的梦想。"说到此处，会场安静极了，在唯美的背景音乐《假如爱有天意》下，泪花成了最美好的告白。当我说到结尾时掌声雷动，很多人都起立为我鼓掌。

我走下台时，学生会主席霜姐给了我一个超大的拥抱，她热泪盈眶地附在我耳旁说："超凡，你简直就是一个天使，你是我见过最美的女孩。"

紧接着，一个俊朗的外校选手走到我的面前，彬彬有礼地对我笑了笑："你好，超凡，我能抱一下你吗？"我点点头。我被他抱起在原地转了一圈，有点儿不知所措。

我刚回到座位就传来了好多小本子，甚至还有《高等数学》的教材。"我们等你好久了，能不能给我们签个名，以后看到你写的话就有了拼搏的动力！"签名！我经常在电视中看到明星签名到手软，初中自己还特意设计了签名并苦练了许久，如今回想这份美好记忆，简直太幸运了！

当主持人读到"2011年北京市志远杯高校联合演讲大赛冠军是张超凡"时，我仿佛看到了语言高山后面的大海。

多年前的梦想，在这一刻抵达。

我非常喜欢杜拉斯的一句话：爱之于我，不是肌肤之亲，不是一蔬一饭。它是不死的欲望，是疲惫生活中的英雄梦想。尽管她的这句话是用来形容爱情的，但我却更愿意将它看作一种大爱，一种关于梦想的爱。

小小的"英雄梦想"

由此，我发现原来演讲可以影响很多人，甚至能够改变很多人。

为了我小小的"英雄梦想"，我一有空就在无人的大教室里练习演讲。有一次，一位即将在这间教室上课的理学院的教授听到了我演讲中的一段话，便盛情邀请我在课前为二百多位同学即兴演讲，从大家的笑容中我知道效果还算不错。

随后的日子里，我接到了大大小小的邀请，甚至登上了清华大学的礼堂为全北京市的新生代表做了分享。我还用自己攒下的奖学金自费去了河北、天津、沈阳、北京周边的山区等地进行了五百多场公益励志演讲。大家都叫我"追梦天使"。很多人问过我同样的问题：一个小姑娘这么折腾不会觉得苦吗？

"辛苦，但是心里觉得甜。能够用自己的故事激励更多人，多值！"说完，我自己竟鼻子有点泛酸。其实，我这一路走来经历太多辛酸，只是不愿提及这份执着与认真。

我与《狼图腾》的导演雅克·阿诺做过交流。他听完我的故事后竟主动拉着我合影，并且鼓励我说："难得见到内心如此平静而坚定的姑娘。喜欢什么，就坚持做下去，记得要开心，也要有耐心和恒心。"

每当想起这句话和他慈祥的笑容，我的心中就会涌起一阵感动。他的话于我而言，是一种追梦的力量。

我总会说："我简直太幸运了，一路上遇到这么多的贵人守望我的成长。"可一位听了我演讲的阿姨却说："像你这样的好姑娘，受到命运的厚爱也是意料之中。"

朋友圈中曾疯传过这样一句话：当你足够努力时，才会看起来毫不费力。

我们每一个人都有着自己的"英雄梦想"，要让你的能力配得上你的愿望，让你的优秀配得上你的自尊，要让你的努力配得上你所经历过的所有苦难。

或许，若干年后，你并不一定会成为梦想中的大英雄，但是努力奋斗的过程会让你刻骨铭心，即使你隐没在人潮中，也不会庸碌一生，沾染世俗之气。因为，你所追求的梦想，就是你向往的远方。

奔跑着，
追寻夜空中
最亮的星

大四，身边的同学都开始奔走于北京这座包容的城市。北京的魅力或许就在于此，它很大，可以包容所有心怀梦想的人；它也很小，不够执着坚定必会被淘汰出局。

这几个月，我并没有实习

专业实习是大四上学期必修的课程，月底的实习分享会更是别开生面。

"我在做娱乐采编实习，前不久刚完成了一期北京市高校校花专题报道。我天天跟各种网红、美女、校花打交道。这种女神专辑网络点击非常火爆。"峰哥喜笑颜开地描述着。

"我通过学姐介绍在财经网实习，经常有机会跟主编去参加各种论坛，见识商界精英，感受他们身上的贵族气息。"彤彤的描述引来班级同学一阵哄笑。

"奥美你们听说过吧？我们公司待遇特别好，每天喝着咖啡，公司还有健身房，年会听说还有大奖呢！"琪琪抢着说。

导师听后皱了皱眉头，正了一下衣襟，打断了台上的发言。

"大家似乎有些偏离了方向，虽说是分享会，大家可以畅所欲言，但是，我更希望大家说一些在实习中专业知识的提升与生活阅历的积累，并非炫耀一时的享乐。"

我是班级女生中最后一个发言的，在大家已经分享疲惫之时，我缓缓走向讲台，深吸了一口气静静地说：

"这几个月，我并没有实习。"

"那你忙什么了？"导师非常震惊，在他的心中，那个包揽学校所有最高荣誉、奖学金拿到手软的"比赛狂人"张超凡应该是能寻得名企，做出不少骄人成绩的。

"大二开始，我就把所有选修课安排在固定的两天，从早上八点半开始上课一直到晚上九点半下课，其余的时间我就在中央电视台《创业天使》栏目组、大学生创就业联盟实习。如今我正在创业，这几个月的时间我一直在办学校手续，我的毕业设计就要做与创业项目对应的品牌设计。"我有条不紊地绘制着自己的创业梦想。

导师会心一笑，他心里明白我是个"不安分"的女孩。

"你不怕失败吗？"从同学中传来似乎有点儿挑衅味道的声音。

"我不怕一败涂地，就怕在未来的时光里对不起曾怀有梦想的自己。认清目标，把自己喜欢做的事情当成一份事业来做，并为此拼尽全力。"

话音刚落，一片掌声响了起来。

室友说，我说这些话时目光坚定，我总是会创造无限可能，爆发时，注定光芒万丈。

徐 和

这次分享会一共响起两次雷鸣般的掌声，一次是为我的创业梦想，另一次是因为徐和。

徐和是学院出了名的美男子，长得颇为英俊，被公认为学校的"小钟汉良"。

我第一次见他时，他穿着一件白色的潮牌T恤，脖子上戴着一条很粗的银色链子，手里掐着烟在吞云吐雾，并不标准的普通话里还带着港台腔。

大四之前，他经常和学校各种头目"混江湖"，夏天的晚上他都会和一伙人在两栋寝室楼中间的圆台上弹吉他、喝啤酒，活得颇为"潇洒"，酒到愁肠时还会为朋友的事跟人大打出手。评优或是成绩多少，跟他关系都不大。他的倒数的成绩并不影响很多人对他的痴迷。

可这次分享会我再次见到他，却见他有几分疲惫之色。他用并不标准的普通话慢条斯理地讲道："我觉得超凡创业是个挺棒的主意，我跟她一样。"话音未落，大家以为出生于浙江温州的他要开始经商了，"男神"瞬间变成了"霸道总裁"。一阵惊呼下，徐和做了个"安静"的手势，大家都咽着口水等着听他的故事。

"我是说，我跟超凡一样都没实习。我在准备考研，因为我觉得实习是给别人打工，学习是为自己而学，我要考北大。"徐和给导师送去了一个安慰的微笑，可依旧抑制不住老师心中的汹涌。

"你不要误导其他同学了，专业实习是咱们学生的必修课，你现在不实习，等到大四下学期还有毕业设计的压力，你的学分还能修够吗？"导师急得站起来教育。

导师深知徐和说的话会影响很多同学的选择，可他的制止早已经淹没在同学们的欢呼雀跃与掌声中了。

班级中最有个性、目标最坚定且最有拼劲的当数我们俩了。

既要考研，也要创业

"实习是为别人打工，学习是为自己而学。"听了徐和"男神"的话，果真像老师所担心的一样，很多同学当天就辞了职，开始立志要考研，而且都要考北京大学，甚至还组织了考研小分队。

大四那年夏天，一个炎热的晚上，大概九点多，宿舍没有空调而电风扇又不好用，热得着实令人睡不着。我洗了一兜子的葡萄准备去"慰问"一下这批"考研军团"。

我走到自习室后门，正巧看到徐和他们几个坐在最后一排。唱哥看到我来，便叫上徐和一起出来，毕竟我们几个曾是一起去过山区支教的"好兄弟"。

徐和看我拿来了葡萄，随即把自带的垃圾桶拿了出来。唱哥问他："吃个葡萄拿垃圾桶干吗？"

"现在就要开始攒人品喽，这是细节你懂吗？"看来徐和真是下定决心要考研了，收起了不少身上曾经的"痞气"，听说连烟都很少抽了，只有困得挺不住时吸两口。他还为考研买了椅子，生怕去晚了没有学习的座位。

我感慨地问他："目标确定了吗？北大可是中国顶级学府，这个挑战系数会不会有点大？"

"那可不，就我俩这基础绩点还没到3呢，去了也是"炮灰"，我也就是陪兄弟去考着玩。"唱哥吃完葡萄困得不行，就先回宿舍休息了。

我看了一眼徐和，等着他的回答。

"确定了就去做呗，想那么多干吗？自己办学校，你的难度系数也不小。"徐和轻松的语气中却充满了确定。

"我也想考研了。"我随即说出。

"半途而废可不是你的性格。"他转头看着我。

"我既要考研，也要创业。谁说这不可以同时进行呢？等我这个夏天办完所有手续，十一月我开始和你一起冲刺考研，就怕你坚持不到那个时候。"

"如果你十一月来，我就破例给你占座，虽然我在攒人品。"幽默的确是他的特点。

星光闪烁的夜晚，愈加旖旎。我俩顿时拥有了当初一起去山区支教时那份执着与坚定的力量。心中的目标就好似天空中最亮的星，赐予我一股神秘的力量奋发前进。

我相信我们会成功，因为我们都一样，年轻又坚定，可以全力以赴去追逐自己的梦想，哪怕会有风浪，哪怕会有忧伤，可是风雨过后见彩虹，阳光注定属于我们。

20 天后

十一月底的北京已经有些寒冷，我用三个月的时间往返于工商局、税务局、教育局等各级窗口，用堪称完美的材料获得了民办学校的办学许可证。这薄薄的一张纸，沉淀了无数"90后"创业者的骄傲与梦想。

距离十二月中旬考研还有不到二十天的时间，徐和已经把所有复习资料做了三遍以上，一本本的笔记和已经被翻烂的书静静地讲述着他这几个月的酸甜苦辣。

我曾试探着早上六点就去自习室，可是竟发现他占座的书已经放在我的桌上，他拿着资料在走廊里拼命地背着。临近考试却重感冒的他一把把地吃着各种颜色的药，坐在前座的我会听到他一罐罐开红牛的声音，最后二十天他一天都未曾缺席。

"徐和，你曾经还有过像现在一样拼命地想实现一个梦想的时候吗？"一起打水时我问徐和。

"有啊，高三的时候。我可是以浙江省第一名的成绩考到北京咱们学校的，我只不过平时比较喜欢和所谓的"坏孩子"一起玩，因为他们活得真实潇洒。可当我确定目标之时就是该发力的时候，谁都挡不住。"

真没想到，他竟然是个快乐的学霸。

他的话犹如一剂"强心针"，这种来自死党的刺激让我买了书店所有终极押题卷，我一口气全做完了。小册子里的文字也全部刻进了脑袋。

我坚信所有的付出终将获得回报。

后来，我以初试407分第一名、复试面试第一名、总分第一名的成绩考入了吉林艺术学院，修读了国画专业的研究生，用二十天的时间跨校、跨专业考研，成了研究生院院长的首位徒弟。徐和也成了我们专业唯一考上北京大学软件学院的才子，他身上所散发出的气质要比曾经的"小钟汉良"更迷人。

瞬间，我有点儿想哭的感觉。每个人随口而说的"目标"与"梦想"，都很容易。唯有那些用心去做的人，才可以感受到与众不同的风景。

我曾听过这样一则故事：在非洲撒哈拉沙漠深处有一片美丽的绿洲，在那里居住的土著居民几千年都没有走出过沙漠。一位英国探险家调研发现，土著人之所以走不出去，是因为他们一进沙漠就失去了方向，而且不够勇敢。他告诉土著人每天晚上朝着北斗星的方向前进，永远不要偏离那颗星星。结果三天后土著人就走出了沙漠，获得了新生。我们有时甚至还不如土著人，因为我们连走出沙漠的冲动都没有。

在最好的时光里，要勇于去定位自己生命的高度与强度，无怨无悔地为了生命中的梦想而奋斗，心中记得北斗星的方向，奔跑起来吧！

我相信，越过万水千山，经历坎坷困顿，你会遇见最勇敢的自己。从岁月里借来的那段时光，冠以努力的名字，你没有把自己复制成任何人，而是活出了自己想要的模样，难道这不算是最大的成功吗？

当时光悄悄地涤荡过我们的生命，总有一些或明或暗的片段成了刻在年轮中独一无二的印记。

生命里，总会有那样一些冥冥中注定的缘分，一个眼神便已确定，绽放出生命里早已刻画好的那一帧容颜。

因为你，我爱上了全心投入的自己

麦子交了新男友

麦子和男友是在一次社团活动中认识的，那时是北京的盛夏，当我得知他俩在一起的消息时犹如坠入了冰河。

麦子是个善良又热心肠的北京姑娘，开朗直爽，本就不大的眼睛总是会笑成一条缝儿，一头蓬松的卷发让她看上去带了些国际范儿，爱说爱笑，在同学间人缘甚好。而她男友阿莱却任性得像个少不更事的孩子，整天只知道在宿舍打游戏，根本不是我们心目中设定的麦子的真命天子。

我平时并不八卦，可听闻这个消息时，立马披上一件奶牛睡袍，穿着拖鞋直奔去了麦子的宿舍。我一口气跑到五楼，推门进屋发现宿舍里早已有了不少人，讨论的主题正是我心中所想。

"麦子，你太善良了，又不懂得拒绝，你跟阿莱在一起就好像妈妈照顾孩子一般，你一味投入、付出，他并不一定能够体会得到，以后受委屈的是你！"目目一语道破很多姐妹的心声。

"麦子，你听我的，趁你还没有完全投入赶紧结束，要是你爸妈知道这事，你的日子不会好过的。"听完孟涵的话，麦子沉默了许久，目光转移到我的身上，淡淡地说了句："超凡，阿莱与你是同班同学，你说呢？"

从她的眼神中我读到了一份渴望。

她是多么渴望我能够支持她的这一次决定，可她是我大学最好的闺蜜，我不想让她为感情而心痛。

"你的性格我最了解，既然你已经确定要跟他在一起，我说多了也是枉然。你只要记得，要做最好最开心的麦子。"

第二天的专业课下课后，麦子就和阿莱手拉手地走进教室，确定了他们的恋人关系。

阿莱和麦子同在艺术与传媒学院，麦子学的是新闻，阿莱与我同班，学的是艺术设计。

阿莱成绩平平又经常打游戏，专业课的作业做得也是一塌糊涂，好在是分组完成作业，压力不大，要不然应该早就和高数一样补考重修了；麦子却是新闻专业的学霸，第一学期绩点就在4.09（所有学科均过90分），拿奖学金自然不在话下。

可自打他们在一起以后，麦子就会经常陪阿莱上课，成了我们专业的"常驻家属"，并且还会替阿莱记下每节课的专业知识与操作图，陪着他下课做大作业。

遇到听不明白的地方，她还会主动去问其他同学，查缺补漏。有了麦子的陪伴，阿莱平时的成绩很少再被扣分，各门课程的成绩也突飞猛进。

中午吃饭的高峰时期，人潮中总会看到小小的麦子手里拿着已经打好饭的餐盒与饮品站在路口，笑眯眯地等待着刚下课的阿莱从她手中接过精心配好的午餐；她会把近一个月省下来的钱拿出来，神秘地为阿莱准备情人节礼物与惊喜；她会学着编手串，即使一次次收尾时被打火机烧着手，也会不遗余力地为他编制爱心手串与项链。

晚上我约麦子一起吃大排档，心疼地问了她一句："你告诉我句实话，你累不累？这么付出真的值得吗？"

她又给我递了两串肉串儿，平静地说了句："我喜欢他，只要他能感觉到幸福，我愿把最好的都给他。"

在爱情中，有太多的人一味迁就对方的生活，活成了爱情的附属品，想来就觉得可悲。我提醒麦子要给自己留有余地，可她却说既然爱了就要全心全意。

爱的旋涡

在一次微电影拍摄任务中，愿意跟阿莱一组的同学只有两人。面对前期准备、拍摄、后期剪辑等诸多环节，这样的组合是不可能实现的。

焦急上火的阿莱把事情告诉了麦子。麦子二话不说找来了我们几个闺蜜，做他的演职人员。

拍摄微电影的日子并不像想象中的风光，每一个镜头都需要仔细推敲，况且由于机位不够一个动作有时要做两三遍。麦子找来的都是新闻专业的美女，颜值与言值齐飞，虽然拍摄条件辛苦，可是麦子在一旁全力安抚着，还为大家买水订饭，大家也就没有什么怨言。

因为时间有限，一场微电影中要记录不同时间的镜头，化妆与衣服的更换必不可少。麦子把自己的衣柜翻个底朝天，找出了不同风格的衣服给演员们穿，还为大家化妆、做头发，眼看一小瓶新买的隔离霜用得挤不出来，她也会笑着说："没事没事，旧的不去新的不来嘛！给你们这些大美女用我有啥心疼的，都美美的多好！"

拍摄的日子里，我们总是会看到一个个子不高的女孩，健步如飞地穿梭在每一个位置，笑靥如花地陪伴着阿莱，关心着我们这些朋友。如果说阿莱是导演，那么麦子就应该说是制片、剧务与后期的结合体。

我从没有想过，一个柔弱的女孩能够有如此强大的力量，不知疲倦地投入一个爱的旋涡。

　　而爱的力量也并没有停止，麦子为了更好地陪伴阿莱，她自学了后期剪辑，并且帮微电影中的角色配了音。微电影最终被老师大加赞赏，并被选送到了北京市的微电影大赛中，最终也取得了不错的成绩。

　　到最后为了能与男友聊得更广泛，她还学习了3D建模、网络游戏人物与场景设定、汽车方面的知识，哪怕是很多闻所未闻的东西，她都会努力地充实自己。

　　阿莱也没有辜负麦子的陪伴，专业课成绩均达到了85分，每节课还都能看到他主动举手回答问题了，有时候他积极主动得连我们都有点不敢相信。但事实就是，他真的在这场爱情中收获了进步，彻头彻尾地变成了一个有所担当的人。

　　而对麦子来说，这段爱让她一次又一次突破自我，做了自己曾经羡慕别人做的事，不但在新闻领域有所进步，在艺术设计领域更是开辟了新的征程。她每一次爱的付出都是心甘情愿，在她的心目中，只要她爱的人能够幸福快乐，就是她全心投入的最好回赠。

　　　热播剧《女医明妃传》中，瓦剌郡主脱不花曾问过允贤："爱一个人是什么感觉？为什么一看到皇上我的心都软了？"

　　　允贤说："这或许就是一物降一物吧，因为爱他，你遇见了那个全心投入的自己。"

恋爱是生命中一段珍贵的记忆，而我爱你，本来也是一句暖心的话语，在最好的时光里，能够谈一场酣畅淋漓的爱情是幸福的。不去一味顺从，不去过分迁就，而是在这段记忆中做那个最好的自己。拿最美好的自己去爱，回过头，因为爱，你也爱上了那个曾经全心投入的自己，这份美好弥足珍贵。

因为爱，我们有了挑战未知领域的勇气；

因为爱，我们有了可以坚持到底的执着；

因为爱，我们有了遇见更好自己的机会。如麦子一样，好好去爱，让对方的存在使你成为最好的自己。

或许，最高质量的感情就是与你在一起时，我未曾羡慕过任何人。

因为你，我爱上了全心投入的自己。

CHAPTER 2

永远给自己一个梦想，
 即便它很远

一个人
如果没有梦想，
和咸鱼有什么区别？

"80后"养老院院长

岁月不会辜负
每一个平静
努力的人

上大学那几年，我认识了一位"80后"的养老院院长，他放荡不羁的外表下却有着一颗无比善良的心。

那时，我们同在北京市宣讲团当讲师，他总能用朴实无华的语言描述出一个个让人泪流满面的故事。

每次听完他的演讲，我的鼻头都是红红的，一时半会儿回不过神来。有时候，直到下一场演讲都进行一半了，我才能听清他讲的具体内容。

我问他是不是专门学习过演讲，不然怎么能把故事讲述得那么贴切真挚。

他一笑，露出两颗代表性的小虎牙说，学历不高看书都头疼，哪有专门学过什么演讲，不过是把生活最原本的样子描述出来而已。

我们最初相识是在宣讲团集中封闭训练的时候，他给我们屋送来了一整套洗护用品，"普乐园"三个字映入眼帘，我们头一回听说这个牌子的洗发水。

后来在第二天的演讲训练中，我们才得知他竟然是一位养老院院长。

"80后"养老院院长？最年轻的北京榜样？曾有人千万元收购养老院，他却毅然决然拒绝了！大部分人一定会不由自主地联想到"富二代"这类词。

十九岁时，他的父母将全部身家投入到"既能行善，又能赚钱"的养老院事业，可没想到养老院成立不久就遭遇了合作伙伴撤股和他母亲患上癌症的双重打击。

刚刚起步，只有五个老人的养老院入不敷出，母亲出院不久，父亲又被查出了脑梗死。曾经在象牙塔中生活的他，在父亲的泪眼中瞬间长大了。

　　为了生活他捡过煤球、卖过皮包，还开过商务车，有时候一天只能睡两三个小时，硬生生地顶起了这么大的一个家。如今的养老院被他经营得风生水起，并且他实实在在地给老人们建起了一个安稳的家，各种荣誉也接踵而来。

　　我们听到这些背后的故事时已经快凌晨两点了，他一如既往地露着两颗虎牙笑呵呵地讲完，我却是哭着听完的。

　　没错，他是一个富二代，可真正了解他的人必须在前面加一个定语，那就是努力的富二代，曾经历过人生低谷却努力攀爬渡过难关的富二代。

　　我很难想象他曾经忍受了多大的压力，耐住了多少寂寞，经受了多少冷漠与寒风冷雨，直到这些日子里，他可以放下所有包袱笑着把这些故事分享给我听。

　　他还时刻鼓励我说："我妹子是最优秀的，虽然最初你看起来有点冷，可是我知道你内心住着一团火，终有一天会在平静中爆发出来，那种力量一定超凡脱俗。"

　　于是，凌晨三点时我在痛哭中写下了《用右手撑起一片晴空》这篇演讲稿，在网络上一时间被转发了很多次。这让我更加坚定信念：我们这些再平凡不过的人，终究会在平静的岁月中，努力地撑起属于自己的一片晴空。

密密麻麻的教材

昨天，我从早上八点上班，工作到晚上十一点多才下班。眼睛一直盯着电脑，用手绘板一张张地绘制着设计图，脑袋里还要高速运转想着2016年新的广告词。除了两杯浓咖啡和几块饼干，我几乎没有进食。

夜深人静，点击了左上角的保存键，将设计文件生成了JPEG的格式，起身的瞬间我欣喜不已。当注意力从电脑移开，我才感觉到肚子饿了。

视野所及的小店都已经关门了，只能把前一天剩下的巧克力面包吃掉。

创业初期，我承担起了课程推广设置、广告设计、宣传片拍摄、视频后期剪辑等一系列工作，有时人手不够还会替代前台接待。

初中的同桌见我这么忙碌，开玩笑地提醒我说：女生这么强，以后可不好找对象。

可是，面对前期为了创业倾力的资金投入，面对那些等着我发工资而生存的员工，面对父母对我的期许，看着夜幕中学校的轮廓，我的眼圈一次次地热了，脸上起了好多个痘，口腔溃疡疼得吃不下饭，重压下我明白了爸爸说的那句话：吃得了多少苦，享得了多少福。

教育行业不是一朝一夕能够成功的，一言一行都可能会影响学生未来几十年的命运，它是一个良心活儿。世界上所有光环的背后，必须承载着无数的拼搏与努力，承受着常人无法理解的寂寞与孤独。

但我始终相信，每一段平静单纯的努力背后，随之而来的会是成功的惊喜与生命的荣耀。

从小我就特别崇拜我的语文老师，因为她可以把一篇篇复杂的古文讲述得生动精彩，也可以把意境描绘得如同画面一般呈现在眼前，就像她本人一样清新脱俗。

那时的我，渴望像语文老师一样，拿起书本便可以洋洋洒洒地讲述着古文背后的典故，出口成章，妙语连珠。下了课，我还追着老师去了办公室，希望她可以传授我一些秘诀。

她笑着把语文教材递给了我。接过教材，我发现同样一本语文书，老师书上的每一页却有些不同。翻开书后每两行空隙间写着密密麻麻的小字，空白处也有用序号标注的各种对应的典故概述，书中红笔的标记更是把重点、难点写得清清楚楚。

语文老师从教已经十五个年头，每年都带实验班，这些内容对于她来说，就算不用教材或许都可以讲得不错。可她每天都用所有空闲的时间备课，设计与开发更多新的课程。

她告诉我说："教学相长嘛，每天和你们在一起我觉得自己一直很年轻，要是能用你们当下感兴趣的事把古人的文章讲明白，不也是一种新的成功吗！"

我们爱她、敬她，因为她让我们明白了滴水穿石的力量与执着。

如今我们生活在一个快节奏的时代，快到今天努力明天就要看到结果；快到只有做事情前发一个朋友圈就好像已经要成功一样；快到我们有时候已经忘记自己为什么要出发。

志在巅峰，路在脚下。即使我们再想一步登天，也需要平静下来不计回报地付出辛勤的汗水，承载一路上袭来的狂风怒吼。

只有一步一个脚印地走，我们才能不输给时间，不输给命运，不输给那个胸怀远大梦想的自己。

就好比画画一样，一个人想要修养身心，培养艺术美感，画一天很容易，画一周不难，画一个月或许咬咬牙也可以坚持，但是一年呢？一辈子呢？

在绚烂的色彩下，背后要承受多少沉寂与孤独，就好比美术高考一般，虽然要背着几十斤的画具疲惫奔波，每天与削不完的铅笔与画不完的速写为伍，可这却是所有艺术生最怀念、最值得珍藏的时光。因为在那样一段岁月里，我们心中怀着明确的目标在奋斗，用完的每一根铅笔都让我们离成功又近了一步，我们在梦想中有计划地拼搏着。

或许，在努力的日子中，我们永远也追赶不上时间，但是，至少我们不会被时光所征服。生活一直都是很公平的，你想成功，那么努力就是唯一的捷径。

这世界没有横空出世的不败神话，那只是努力给自己披上的一件华美的战服，不论寒风袭来还是电闪雷鸣，握紧你手中那把名为"努力"的宝剑，在沉着冷静中战胜一切看似强大的妖魔鬼怪。

心中始终留给阳光一片空间，让希望与梦想温暖着你一路踏雪而歌。

相信岁月永远不会辜负每一个平静努力的人，你想要的，生活最终都会给你。

憧憬美貌，
是我们每一个
人应有的信仰

赵老师是大学时我们的班主任，我至今仍记得开学第一天，她穿着一件质感颇为不错的黑色长裙，肩上搭着一条钴蓝色传统藏式披肩，一侧的头发轻绾在耳后，体态丰盈、面色红润、眼中有光，笑容和蔼地站在报告厅的门口等待着新同学。

在人群中，她犹如一朵静静绽放的水莲花，那一份优雅的气质不禁让我在心中反复祈祷她可以是我们的老师。

美丽的大学班主任

我见赵老师拿起手机，似乎在联络着什么人，边说边向我们班走来，跟排头的同学确认后，她将我们带到班级。

站在讲台上的她，并没有跟我们强调什么学校建设、班级制度等这些高中碎碎念的话题，而是从容大方地讲起了艺术美学、中国传统文化这些颇具美感的话题。

虽说我并不是外貌协会成员，却情不自禁地想多看她几眼，记住她说话时的语气与动作。

细心的她私下问班长我是否需要特殊照顾，班长说："超凡特别自强自立，生活上的事她都能应对过来。"

于是，她走到我的旁边，俯下身对我说："这么美的姑娘，生活都会喜欢你，何况是我？有时间欢迎到老师家里做客。"她身上散发出一种亲切的味道，她的邀请让我突然觉得北京温暖得像个家。

后来，每次班会她都会精心为我们邀请知名书法家、画家讲解诗词与书画，甚至还能请到在北京挂号"难于上青天"的主治医生来给我们解析中医中的艺术。每逢同学获得什么荣誉，她都会打电话亲自祝福，班级上上下下被她打点得妥妥帖帖。上到省市领导，下到各级办公专员，无论什么事找到她，她总是和颜悦色，有条不紊，别出心裁地把事情办得漂漂亮亮。

让人更加赞叹的是，她并不是土生土长的北京人，却能在北京生活得风生水起。她不但是大学教授，更是一家颇有传统精神的书院院长，办得了阳春白雪般的高端读书会，也办得了面向社区老百姓的公益诗词文化节。无论生活还是事业，她都活出了自己向往的模样。

她在生日宴上向我道出了成功的天机：生活的路很宽，而女人一定要有自己的追求，憧憬美貌，向往美好独立的生活是每一个人应有的信仰。活得漂亮，事情办得也漂亮。那么，纵然世间美女万万千，美丽芬芳千千万，她的举手投足、一颦一笑皆会成为别样的风景。

跟她相熟后，我幸运地发现我与老师的生日同是3月24日。更令我感动的是，她会为我搭建各种难得的平台锻炼自我。只要有时间，无论多远，她都会去现场听我的演讲，并且在我下台后给我一个温暖的拥抱。

我问她为什么对我这么好，她笑着说因为我长着一张有福气的小圆脸，还有一双透着坚定执着的大眼睛，笑容灿烂的样子甚是讨人喜欢。在我的身上她看到了自己初来北京的那股子拼劲，可她坚信未来的超凡会比现在的她做得更加优秀。

暗自欣喜的同时，我想起了一句话：二十岁之前的美丑是父母给的，二十岁之后是否漂亮则是由自己决定的。林肯曾在面试后拒绝了幕僚推荐的一位才华横溢的应聘者，原因是应聘者的长相让他不喜欢。都说人不可貌相，没想到堂堂总统竟会因为一个人的容貌而错过才华。然而，林肯坚定的回答却是："他得为四十岁以后的长相负责。"

一个人的性格品行、精神气质，往往从第一眼的容貌上就可以预测出来。

我一个朋友是学动漫人物设定专业的，他们的必修课之一就是分析中外经典动漫中的人物表情与性格。就如同《西游记》中的唐三藏拥有一对有福的厚耳垂，眉眼之间透露出安静与慈悲，正所谓"凛凛威颜多雅秀，佛衣可体如裁就"。美猴王孙悟空则是"一双怪眼似明星，两耳过肩查又硬"，能力更是

"上天撞散万云飞，下海混起千层浪。当天倚力打天王，挡退十万八千将"。

说到猪八戒，就不像前面两位那么英俊有灵性，莲蓬鼻子、锥子嘴、大獠牙、扇风耳，身上长长的硬硬的猪鬃和浑身发青的疙瘩皮一览无余地展示在大众面前，就连化缘都徒增了不少误会。即使多次与师父被妖精虏进洞里，也不会像师父一样被清蒸吃，而是被烤着吃。可见，容貌就是生活对待你最好的写照。

正所谓："命由己造，相由心生。"同理，一个人的容貌也会随心境而发生改变。

再次见到班花阿华

说个前不久自己身边的故事。上个月小学同学聚会，十多年没见，很多人的容貌都发生了变化。阿华是小学时代大家公认的班花，也是班级的文艺委员，才华横溢、能歌善舞，一双狡黠的大眼睛衬着白皙的皮肤，更是清水芙蓉般美丽。爱慕者更是层出不穷。那时候一个课间去洗手间的工夫，回来后她就会发现书的扉页上写着"我喜欢你"之类的情话。

这次同学聚会很多人都是奔着她去的，可扫视整个包厢却没有找到她。我问了邻座的小志，小志叹了口气偷偷用手指指向窗边，我顿时心情特别复杂。我不敢相信那个女生就是我们曾经的班花。她一个人安静地坐在窗边，戴着高度近视镜，头发稀少搭在肩上，脸上带着红疹子，整个面部看起来特别奇怪，眼睛肿胀，没有表情。

我走到她身边，静静地坐在旁边陪着她，因为太多年没见，不知道应该以怎样的话语开头，想问："你过得好吗？"可是显然，她过得并不顺风顺水。她见我过来，竟然先开了口："超凡，对不起啊。小时候我总是因为你手不方便故意避开你，不愿意带你一起玩。前几天看到同学们在朋友圈里转发你的新闻采访，不得不说你既坚强又勇敢，真的很棒，是你的努力让你现在成了班级最美的人。"

听到这里我有点受宠若惊，曾经高傲的她竟然向我道歉，还夸我是女神。在后面的闲聊中，她向我倾诉了一肚子苦水。

她由于高中没有安心学习，连艺考的本科线都没有过，索性走向社会找了工作，在一家个体广告公司打工。对新老板的不适应、客户的催单与暴脾气……巨大的工作量与心理压力几乎把她逼疯。每天加班到后半夜，稿子改完一遍又一遍；精心设计的方案，在开会时被说成幼稚、没脑子，被否决后还要继续强颜欢笑，被人使唤做无须动用多少脑力的基础工作。

长时间电脑的辐射与巨大的压力使她脸上起满了痘痘，每天早上一梳头还一把把地掉头发，时而还会过敏全身暴痘，中医、西医治疗都不见起色。她现在连镜子都不愿照，索性辞职在家里休养。

我劝她要转移注意力，不要天天把目光都放在不完美上，可以继续跳跳舞，或者跟着我喝点茶写点字，心情晴朗了，身体里的毒素才能够排出来。因为曾经全身起过荨麻疹后来不治而愈，我在这方面说起来还算有点经验。

跟我倾诉完苦水后，她说心里舒服了不少，第二天就报了去云南大理的旅游团，决定彻底释放自己。

一切清零重新开始，起初手机里会传来几张她在云南各景点拍的美景，后来照片中有了她的身影，一周后她竟然鼓起勇气开始自拍了，还给我留言道："瞧瞧，曾经那个美少女回来了！"

明媚的阳光配着葱绿的草地，她抬头面向阳光呼吸空气间温暖的味道，微风吹动她的花色丝巾，脸上似乎平整并且红润了不少，我看着心里特别舒服。

回来后，她还给我带了好几条云南特色的围巾，边比量着边说哪条更衬我的肤色，还张罗着找时间一起去韩国买化妆品和潮牌衣服。

看着她的微笑，我也笑了，原来卸下思想包袱后，人会这么轻松自在。

有时候，面对工作和生活的重重压力，很少有人能够真的释怀。我们会抱怨为什么自己的成绩没有别人好，凭什么你的伙伴会比你加薪提职更快，自己家的孩子也没少课外学习，怎么就没有同事家的孩子争气，等等。

其实，生活是一个多面体，就看你如何去看待它。你眼中的糟糕透顶其实真的没有想象中那么可怕，面对困境与不如意，首先想到的不应该是怨天尤人，而应该是寻找应对的办法与包容本就不完美的自己。

即使生得沉鱼落雁之容，若整日垂头丧气、以泪洗面，对生活横眉冷对，终究难逃红颜薄命；然而若是苦中作乐，坚强面对，终有一天你的生活也会芳香弥漫，春暖花开，化身为白天鹅拥抱蓝天。

我们总说，爱笑的姑娘运气总不会太差。因为她每天睁开眼睛吸收的就是一份正能量，是阳光生活的滋养。

我们的容貌，并不是与生俱来的，它是生活的一面镜子，照出了你心底的模样。

与其说容貌是生活的赠予，不如说它是生活的回馈。

憧憬美貌，向往自由独立的美好生活，是我们每一个人应有的信仰，能够把朴素的生活活出自己曾经向往的模样，更是我们身上散发出的荣光。

此刻，请放下包袱，向往新生活。

你的容貌，会因你的努力而愈加灿烂美好。

让我战胜黑夜的，真的是理想

在中央美术学院进修的日子里，我渐渐发现，我身边的同学虽然性格和年龄都各不相同，但几乎都有一个共同的特征，就是为了艺术可以不顾一切、忘乎所以。他们思想独立又性格古怪，有趣的是，不走到他们面前，你根本猜不出这些长着乌黑的长发的人是男是女。

他们既能一掷万金拜名师学艺，也能拼命赚钱滋润自己，谁也挡不住他们跳跃的思维与突如其来的决策。放在当今社会中，他们绝非是标准的讨喜型，定是褒贬不一，但无疑这些言语根本不会左右他们天马行空的行为。

他们拥有非常挑剔的眼光，可大家偏偏都非常喜欢我。一位大叔同学对我说，大概是因为：我是个充满正能量的姑娘，在我身边会有一种像被打了"鸡血"的动力。

斌 哥

就好比斌哥，他是个典型的金牛男，对于金钱和数字极其敏感，他喜欢钱带来的满足感。每当在马路上遇见豪车，他都会不由自主地用手轻抚一下车身，感叹一句，有钱真好。他很精明地花钱，当然也很会赚钱，同时还会不时跟我们分享，他最近研究的绘画教育事业如何走向全国等。

拥有一年六百多张绘画作品的成绩，他称得上是高产画家，而且画作的品质也很高。我从没有听他抱怨过，因为他忙着和理想约会，根本没有时间浪费在没有意义的话题上。

或许你会觉得他在极度追求有面子的高品质生活，其实他真的不是。

他个子不高，衣着朴素，却用着最贵的素描纸与进口的铅笔，画着逼真的肖像作品。他珍惜自己绘制的每一幅作品，细致入微地用自动橡皮擦拭出高光的形状，用2H铅笔将人脸的毛孔都画得栩栩如生，笔尖处透露着一份爱与情怀。

他用一个月的时间画了一幅惟妙惟肖的超写实自画像，每一个细节都堪称完美。每天都画到凌晨两三点钟，他右手的中指与大拇指都磨出了茧子，双手多处都破了皮。

我问他这么"折磨"自己到底图什么，人总要图点什么才能战胜懒惰，战胜漫漫长夜与无孔不入的孤独。

他用一口地道的沈阳口音对我说，一开始，动机来自挑战自己的造型极限；后来是因为，这一生真心想为中国的美术教育事业做点什么，因为他爱艺术。我心中暗自想着这个动机的难度系数，却不忍心打破他说话时那份自我陶醉与兴奋，依旧鼓励他说前途不可限量，有需要老朋友效力的千万别客气。

没想到，几年的光景过去，他已经出版了十多套美术教材，还研发了短期课程高研班在全国各地巡讲。他的学生遍布全国各地，有高校精英、大学教授，甚至还有网红专程过来学习画自画像，那场面让人震撼却也让我舒心。

买房买车身家自不用多说。最关键的是，他真的让艺术接了地气儿，只要爱艺术就可以玩起来，真正让绘画变得简单明朗了起来。

钱是一列火车的"发动机"，理想却是奔驰路上的"火车头"，引领着方向一往无前。

我理解每一个为了金钱而奔波奋斗的人，但是我更欣赏那些心怀理想顺便挣钱的人。

周星驰：从跑龙套到喜剧之王

近几年由周星驰执导的电影都票房大卖，我心中不禁佩服周星驰的艺术成就。

自小父母离异的他，与妹妹共同被寄养在外婆家，为了生活他帮外婆摆地摊赚钱，他喜欢功夫，却交不起学费，只好偷偷练习，梦想着成为第二个李小龙。通过不断地寻找机会，他终于可以在电视剧《射雕英雄传》中充当一回群众演员，多年后他在访谈节目中笑着回忆说："那时候最大的梦想就是梅超风不是一掌把我打死的，这样我就可以多一个镜头，可导演却说一招两招都是死，索性一出场就死。"

跑龙套七八年，都未曾磨灭他想要成为一名好演员的理想。他终于被伯乐发现，凭借《霹雳先锋》一炮走红。

四十三岁，他终于成为一个真正的功夫高手。一次采访中，记者问他如何看待自己曾经跑龙套时饰演的小角色。

他说道："没有人生下来就是大明星，即使扮演的是小角色，也要用心把他演到最出色。"

每个人决心努力做事、拼命赚钱时的动力都不尽相同，有的人是为了让家人过上安稳舒适的生活，有的人是因为穷怕了想要不再惶恐未来，有的人是想证明自己虽然相貌平平却可以成就一番事业，有的人则是想为了遇见自己爱的人时有底气大胆追求。这些统统都是动力。

动力就好比向上的车轮，它从不卑微，决定你未来的不是现在的位置，而是努力的方向。

叶 子

好友叶子是中国人民大学艺术学院的在校生，家乡在广东，说起话来总是慢如小蜗牛，语速稍微放快，舌头就会打起架来，聚光的眼睛戴着一副比眼睛大五倍的圆镜片，有着一张看到他就会联想到很多动漫人物的脸。

他与我同专业，都是学国画的，只不过他比我更加细致入微地专攻工笔。我时常会见他深夜发个朋友圈，文字部分附带"一晚上就画了两片叶子"这类的话，看看发出的时间几乎都是凌晨。

叶子入学不久，宿舍就变成了他的工作室，从床头到衣柜挂满了他的作品，大多数都是美女。我开玩笑地问过他："你是不是喜欢上人家了？笔触画得这么细腻，这小美女满脸的胶原蛋白，发丝间充满着爱意。"他放下画笔回了我句："你要是同意我也画你。"瞬间觉得身边有会摄影和画画的朋友是很幸福的事。

那天小聚，他邀请我5月6日去中央美术学院看他举办的第一个个人画展，虽深知那时的自己应该在杭州搞创作，我却不假思索地答应了，因为他的光芒照亮了多少人为理想拼搏的夜晚。

他说，他从不看什么心灵鸡汤，他的人生验证了一句话："唯有理想与爱不可辜负。"而我见证了他从农村考到了首都北京，通过自己的努力赚足大学所有的学费与研究生出国深造的费用，还给农村的父母买了车的过程。他成功地成了最大碗的"心灵鸡汤"。

一个人如果没有梦想，和咸鱼有什么区别？没有爱好，没有动机，就会变成一个随波逐流的人。

前不久我因为考博的事和爸爸发生了争论，爸爸说："研究生的学历已经不低了，女孩子这么拼，以后你准备找一个什么样的结婚对象？北京天大地大，在老家安安稳稳过日子有什么不好？我和你妈妈对你没有那么高的奢望。"

虽然20多年来我心里一直清楚父母对我呵护有加，我却一次次冲破温暖的小窝追求有挑战的生活。在我的意识里考博并不是爱慕这个头衔，而是真心实意地希望自己的艺术修养得到更高的提升，站在艺术大师的肩膀上看看山峰的云朵有多美。

说到底，一个人的命运走向，不单纯取决于智商和情商，而是来自沉下来倾听内心深处的呼唤。

有时，我们会因为一个理想而珍惜无数个挑灯备战的夜晚，从而爱上了曾经那个虽不完美却拼尽全力的自己。

你若问我：当坚持不住的时候该怎么办？

每当我想哭想放弃时，艺考时教室内红色的大标语就会在心中为我摇旗呐喊："扛得住，给我扛；扛不住，给我死扛。"

在追求理想的道路上，即使跌倒，姿势依旧豪迈。

所以，时常问问自己，让你战胜黑夜的是什么？

让我战胜黑夜的，真的是理想。

老 周

在偷来的时
光里，与青
春赛跑

决定写这本书之前，我辗转反侧、难以入眠，深夜拿起手机，给挚友老周发了条信息："嗨，周，除了画笔，我要与文字相拥了。"

正准备放下手机，屏幕上方的文字变成了"对方正在输入"。老周是个做学问很投入的人，难得有一次秒回："好啊，我会用偷来的时光，仔细咀嚼超凡笔下每一个故事，一如当年认真的你。"

"偷来的时光"，这是一句温暖的暗语。

那年初中我们背负了学校和家长太多的厚望，学校在全省范围内层层考试选拔出来的前七十名同学单独组建了一个班，有趣的是班级门口挂的不是班号，而是"超能实验班"，几个大字更显得威风霸气。班级里的同学用现在的词语形容就是"学霸"或是"学神"，而且个个都身怀绝技。用当时班主任发哥的话来形容就是："或许，有一天，我会因你们这一届学生而温暖一辈子。"

老周是个对于文字特别痴迷的人，每当夜幕降临自习课开启的时候，他就忍不住开始看那些已经精心包好书皮，伪装成《语文》书的课外书。

　　他喜欢坐在最后一排左侧的窗边，身体倚靠在窗台上，在窗外旖旎闪烁的灯光下，左手悠闲地转着笔，右手呵护有加地翻动着手中的书，从他眼神可知他是那么珍视手中的文字。

　　或许，只有每天夜幕降临与书相会的日子，才是他可以放下所有作为年级第一的压力的另一种生活。他好似沉浸在奇妙的文字世界里，不愿出来，有书陪伴着他，带他走进了一种新的生活。

　　他有一个紫灰色的本子，里面的文字被一次次地修改，阅读文字时，就像进入一个个迷宫。他的文字早已跨过了初中生作文的束缚，拥有一种别样的生命。他喜欢跟我分享他的文字，他说因为我能够在文字中看到一幅幅动人的画面，并且用画笔勾勒出他描述的世界。

　　在超能实验班排山倒海的题海战术中，我们依旧会不遗余力地在偷来的时光里，在这个不大的"小竹筏"中与文字相拥。但是，风浪中总有"小竹筏"翻覆的时候，随着《海上牧云记》在晚自习被化学老师缴获，我们被带到了老师办公室，"多方会谈"在所难免，书桌里的课外书也被"抄家"了。

　　走出办公室，我问了他句："还继续吗？"

　　老周耸了耸肩膀，扶了一下眼镜，镇定地说："当然，偷偷地，你掩护。"

　　直到有一天，课间操时，广播里传来了老周获得了全国新概

念作文大赛一等奖的讯息，全校同学都沸腾了。他顿时成了大家心目中的偶像。

学校旁边的小书店当天中午就把获奖作文的杂志摆在了最显眼的位置，迅速被抢购一空。各班语文老师都想请老周分享一下提升写作能力的秘诀。

老周只说了一句："写文章，需要一种紧迫的饥饿感。"

所有人不解，是因为考试时间有限吗？为何需要的是饥饿感？

听后，我的眼眶竟然有点儿红了，鼻子酸酸的。老周的饥饿感在于他对写作的热爱与痴迷，我眼中浮现的是他趁着晚自习班级关了灯看化学操作实验的时间偷偷翻书的样子，是他在无数个大家午睡时低头创作到脖子抬不起来的执着，是其他人在操场上享受体育课的阳光时，他坐在旗杆下傻傻写作的坚持。他偷偷地写，害怕他所珍视的文字被冷漠，他总觉得时间不够用，任凭自己如何努力都无法填补内心的求知若渴。

上次他从香港大学回来，我们坐在一起喝咖啡，他说，其实他最怀念的就是初中时自己偷着与时间赛跑的满足感。当一个人愿意用偷去形容内心的珍惜之情时，多半是因为太在乎了。

其实我们就是在用偷来的时光与青春赛跑。在这场赛跑中无关输赢、无关名利，只为了一种追求、一种信仰。每当夜幕降临，或是清晨未明，世界都在酣睡，唯有那些用偷来的时光与青春赛跑的人会准时醒来，在不同的角落为着自己喜欢的事而努力，掠过他们头上的是同一阵幸福又满足的风。或许他们永远不会高声对世界说出自己的梦想，不会在朋友圈或是微博写下自己的豪言壮语，但是，他们真真切切走在与青春赛跑的路上。

我愿意为每一个带着爱与梦想，在偷来的时光与青春赛跑的人鼓掌。

偷来的时光

前些日子我在不分昼夜地准备参加全市的演讲大赛，朋友听着我一遍遍熟悉稿子，调侃我说："我们超凡是全国演讲大赛的冠军，这种场面你还能控制不住吗？"

"认真的原因只有一个，这是我第一次在家乡演讲，讲咱家乡的故事。"我笃定地回答道。

朋友片刻没有说话，几分钟后笑着说了句："我期待，属于你最好的故事。"

准备的日子里，我决定亲自去长春的电影城、净月潭、一汽大众看一看。周边的朋友无不瞪大双眼，言辞中强调着哪来那么多时间，我们每天下午一点钟都要到电视台彩排，有时忙起来连晚饭都顾不上吃，若是想再挤出一些时间看风景，不免有一些不自量力。

可在这最美的家乡里，想要讲出动人的故事，不用双脚去丈量这片沃土怎么可以？于是，我暗下决心，今天一定要去看看长春最经典的电影制片厂。那天电视台彩排到了很晚，穿高跟鞋的脚已经疼得快要无法着地，我心底深处突然响起一个声音："还去看电影城吗？回家好好烫烫脚就睡吧！"

晚上十点多，我还是去了，当我站在灯火璀璨的电影制片厂门口时，那一束束彩光从地面射向夜空，仿佛在和长春这片星辰窃窃私语。那一刻，夜空璀璨又深远，像一个努力拥抱生活的孩子。我不禁热泪盈眶，想象着自己曾经也为了艺术梦想努力考入北京，在一个无比陌生却又无比宽容的城市里摸爬滚打，即使风刺伤了双眼也不曾流泪，坚持绘制自己的愿望。

从此，即使是在忙碌地生活，我也不会机械地完成工作，而是一定要用"偷"来的时间去学习成长。去电视台录制节目，我会像小尾巴一样跟着工作人员忙前忙后，熟悉并学习一些设备的操控，将节目录制得更加完美；演讲大赛前期的培训时间里，我会跟气质不凡的指导老师练习如何调整气息，控制情绪，让语言能够立体起来；在全国各地巡讲时，我会看看那座城市里最负盛名的风景，体会着不同城市的风土人情。

我特别珍惜这一刻的时光，一些风景，若真拿出时间去旅行，或许记忆就只会停留在照片中那些人山人海下的名胜古迹。反而是趁着工作的间隙，在更好地完成工作的限定时间里体味到的风景才更加有滋有味。

在最后一天演讲即将开始的早上，我发烧了，头热得可以在并不暖和的后台当人工暖炉。本来已经背得脱口而出的稿子预演时一直出错，石姐姐给我打了一杯热水，给我盖上了件厚衣服让我小睡一会儿，上台前鼓励我说："超凡，你就踏踏实实地讲，能记住多少讲多少，即使临场发挥，你的故事也足够震撼人心。"

当我站在追光灯下，脑海里浮现的是这些天一直走过的路、遇见的人和感受到的生活。没有慷慨激昂的言语，娓娓道来却让听众泪流满面，掌声中我早已记不清自己说了些什么，只是觉得讲完后心里特别舒服。这种融入血液的幸福感和归属感让我坚信：超人是用右手飞翔的，我用右手也可以撑起一片属于爱的晴空。

幸福的事情总是如期而至，我拿到了这场演讲大赛的金奖以及最佳人气奖。当大家都在为我如超人一般的行动力而赞叹时，当爱我的人甚至有些心疼这样一个女孩子如此为了梦想而拼尽全力时，我只想说：当一个人真心全力以赴地爱上一件事时，输赢早已没那么重要。

在偷来的时光里与青春赛跑，其乐无穷。

　　每周一不论多忙我都会去书店喝喝最爱的果茶，看看优秀作家笔下的文字。正如赫尔曼·黑塞说过的一句话："世界上任何书籍都不能带给你好运，但是它们能让你悄悄成为你自己。"

当我还在郁闷无法冲破创业艰辛的枷锁时，我读到了一篇名为《高空气球》的文章。文中天真的孩子看到了高空中的气球，想要解开麻绳将气球放回天空。可他的爸爸却说那是售楼开发商用来宣传的气球，太高了根本解不开。

"人家怎么系上的，我们就能怎么解开。"孩子直率的回答让爸爸不得不带他乘坐观光梯上到了高楼的24层，没想到映入眼帘的是美丽的空中花园。或许，如果没有那一份勇气，就不会欣赏到别有洞天的美丽。孩子握着气球的麻绳开心地直转圈圈，犹如高空中的一朵云，清明而无染，自由没有拘束。

有时，我们需要给自己偷一些时间，静下心来感悟生活的味道。

在忙里偷闲的时光里阅读，这些文字或许不能帮我们解决任何问题，但是故事中所蕴含的力量会让我们一瞬间豁然开朗，这些文字仿佛从未在我们身上留下痕迹，却早已深深地嵌入我们的灵魂深处。

我珍惜每一份在奋斗的时光里不期而遇的缘分，愿你我一起坚持平凡生活中的英雄梦想，在偷来的时光里，尽情与青春赛跑。

任凭我有七十二变，都"逃"不出你爱的指尖

本以为长大后，我们会流连于大都市的星光灿烂，可是当真的有一天冲破了束缚，与朋友坐在北京的高端餐厅大快朵颐之后，胃里的满足感与内心的空虚感，却又会情不自禁地交织在一起。

家与远方

我从小就向往远方，爸爸越是想把我呵护在身边，我心里的这份愿望就越是强烈。可当他知道我执意要去北京求学时，却帮着我安慰不舍的妈妈，意味深长地说了句："咱们姑娘，值得拥有最好的。"

在北京读大学的四年里，即便走遍大街小巷，都未必能够找到记忆里的那种味道，家乡的锅包肉、铁锅炖大鱼，甚至是家里用朴素的食材腌制的酸菜，都像天上那轮皎洁的月光，挠得人心痒痒的。

每当寒暑假或是重大节日，爸爸都会早早守在电脑旁提前为我订好往返的票。有一次，我听家在哈尔滨的室友抱怨五一回家的机票、火车票瞬时被抢空时，焦急地给爸爸拨打了电话，他略带疲惫却温暖地对我说："把东西收拾好，爸爸已经开到北京

了，再有一个小时就到你学校门口，咱们回家！"

那时候我才终于明白：家乡美味的终极秘方，就是有爸爸妈妈陪在身边，菜饭里有一种永远都无法替代的味道，那就是家乡爱的味道。

人类真是奇怪的动物，越爱一个人越觉得她不够坚强、不够聪明，总需要人照顾，好像她总会受伤、总会迷路、总会因为太忙而忽视了要好好照顾自己。我在北京每次给爸爸打电话，还来不及问他好不好，他总会急急忙忙地问我："最近累不累？钱够花吗？女孩子一个人在外地，不要怕花钱，不要跟着去挤地铁，打车钱爸爸给报，别委屈自己。没有特殊活动，隐形眼镜尽可能少戴，我姑娘那么美，戴眼镜也很漂亮！"

他从来不会问我考试成绩怎么样，仿佛只要我平安顺遂，成绩只不过是一个附加值；他从来不会把自己的生活挤进我们的聊天里，仿佛在东北那片大地上，夏天不会热，冬天不会冷，爸爸从来不会生气，做生意永远都是一帆风顺的；他从来不会计算在我身上的投资，哪怕是我无心说的一句话，他都会想方设法地将其变成现实。

在爸爸的身上，爱从来不需要条件，有条件的爱都不是爱，那是交易。

近百万的手术费

中央一套《开讲啦》五一特别专场，我作为中国青年代表参加了节目的录制。开讲嘉宾秦世俊讲到自己的父亲同样也是位劳模，童年的记忆里，父亲唯一一次带他去游乐园的经历让他至今记忆犹新。

当我站起来拿起话筒的一瞬间，鼻子竟然有点酸酸的，那是我第一次在银幕上流泪，就是因为提及自己的爸爸。

小时候的记忆中，爸爸就像超人一样。

童年时见过最温情的画面就是：爸爸左手扶着案，右手悬着腕，在绢布上绘制出形态各异的图腾，妈妈则在一旁温柔地削着竹子做风筝的骨架。我左小手臂挎着爸爸，右手牵着妈妈，哼着歌去文化广场放爸爸亲手为我做的风筝。

看着天空中越飞越高的硬翅风筝，爸爸就会念叨起常挂在嘴边的老话："我们超凡是可以用右手撑起一片晴空的姑娘，但不论你飞多远，哪怕有一天我拽都拽不动了，也要记得累了就回家睡一觉。"

天下每一个爸爸都是平凡的，却又是独一无二的。他们如超人一般用有力的臂膀，咬着牙帮孩子顶起一片天，并注入全部爱的力量。

生活中好像没有什么事可以难倒他，在物质匮乏的年代里，他总能变着花样满足家里的需求。

青春里的所有要求，哪怕是一句我在酣睡中的梦话，他都会像变魔术一样地满足我。

我曾在被小朋友嘲笑时气呼呼地说过，自己想要一条完整的左臂，他便记在了心里。当得知国外的假肢技术可以达到让人能独立完成生活中如缝纫一般细小的工作时，他开心得好像自己的手臂长了出来一样，可看到需要近百万的手术费时，他沉默了，那是从小到大我第一次看到他身上透露出的一丝无力。

近百万手术费在1996年那是一个天大的数字，奶奶说那时候谁家要是能称得上"万元户"已经很有面子了。爸爸放弃了国营单位的好工作，毅然决然下海开始经商。当时爷爷气得差点住进医院，他一气之下把爸妈撵出了家门。

我们一家三口住在一个不足二十平方米的小屋里，屋里时常还会不知从哪跑出来一只大黑老鼠，它那招摇过市的样子好像我们强占了它的洞穴一样。我害怕得蜷缩在床上直哭，外面下着瓢泼大雨，我的世界里下着淅淅沥沥的小雨。

爸爸把我紧紧搂在怀里，安慰我说："给爸爸点儿时间，爸爸一定让你过上最好的生活。"他的一句承诺，犹如一道光，照进了我的夜空，闪闪放光。

他白天黑夜不停地忙，硬生生将一家家店铺支撑了起来，更温暖的是，每一家店的名字都有一个"凡"字。我们的生活也变得越来越好，短短三年的光景我家便成了邻里羡慕的家庭。爸爸时常跟朋友夸赞我："自打有了我姑娘，做起事来特有动力，我姑娘就是我的福星。"

数年后，我听到来家里做客的叔叔讲起爸爸说的话，竟有一种五味杂陈之感。

爸爸，您拼命打天下，只是为了让我成为一个正常的孩子，跟所有人站在同一起跑线，此生平安顺遂。

这世界上并没有那么多的不幸，祸兮福所倚，在生活的万花筒里，因为有爸爸的存在也会折射出一些幸福的光来，照亮我前行的路。

最后的退路

无论做了多么任性的选择，爸爸始终会是我最后的退路。

高中时，爸爸心疼我早上起床太早，担心睡眠不好影响身体，在房价最高的时候买了离学校步行不足十分钟的学区房。应学校要求，每天不到七点就要到校上早自习。

爸爸无论前一天晚上睡得多晚，或者忙于应酬喝了多少酒，第二天天蒙蒙亮，他根本不用等闹钟响就会起来，然后关掉闹钟，生怕吵到我。

吃完妈妈做的早饭，爸爸就会开车把我送到学校西门，本来步行都不需要多久的路程，爸爸依然坚持风雨不误地送我。起初我以为送我到西门是因为好停车，后来听到爸妈聊天才恍然大悟：他是怕送的距离太近，陪我的时间就变短了。

"你大姑娘天天就在你眼皮底下还想啊！"

爸爸顿一顿，幽幽地说："那可不，想啊！一天见不到，这心里就空落落的。都说姑娘是爸的前世情人，这话不贴切，姑娘就是我的命啊。"

天天住在一个屋檐下的想念，是真的想念，天天回到一个家里的人的牵挂，那是真的牵挂。

高中时熟练背诵的《归去来兮辞》，我长大后才慢慢悟得，最亲切的话莫过于"携幼入室，有酒盈樽"八个字。不必有美味珍馐，不必有觥筹交错，只要全家人能够幸福地在一起，穿堂入室，便可以抵御整个世界的寒风。

这是我姑娘

当有一天我开始活跃在各大媒体上时，他看着电视中那个有几斤几两他再清楚不过的我，竟开心得如一个孩子。

一转眼，到了爸爸以我为骄傲的年龄。

我难以想象他是如何用"不太灵光"的中年人脑瓜去应对快速的互联网，微信、微博一个不落，甚至为此专门配了人生中第一副老花镜。

他会在深夜时，因看到某个网友给我的偏激留言，而跟人据理力争，直到人家拗不过他，说误解了然后赔礼道歉为止。第二天一早，他还会心事重重地叮嘱我："即使再完美的人，也不可能让大家都接受你，要是网上有人说啥不好听的，别往心里去。"

他会清晰地记得我微博粉丝的数量，每次节目播完增加一些粉丝，他就好像是认可他自己一样骄傲，还跟妈妈显摆说："你看，评论里都夸我姑娘是女神，真有眼光！"

他将我参加的电视节目统统存在了手机里，任凭见谁，三句不离就夸我，妈妈说："你爸一辈子低调，做事谨慎，唯独在你的事情上，永远都是高调，毫无保留的。"

《一站到底》我出现的那几期里，所有题目他记得滚瓜烂熟，不是因为他记忆力有多好，而是我不在身边的夜里，他早已数不清看了多少次。

他会第一时间帮我转发、点赞、打赏、发"520"的超级红包，并骄傲地带着炫耀气势地转发我所有的好消息，坚持写上："这是我姑娘。"用他所有的方式告诉我：爸爸以你为骄傲！

　　我时常会想，一个人要看过多少风景、经历多少人才能够体会幸福的味道？这些努力是为了什么？是为了生活：为了梦想，还是为了什么？

可是从此以后，我奋斗的梦想又多了一层意义。我一刻不敢停歇地努力着，让这个"阳光小老头"永远都有炫耀的资本，时刻都怀揣着那一份升腾的感动。

爸爸，我不走了。

您就是那看透世事的如来佛，即使我这只"小猴子"有七十二变，也逃不出您爱的指尖，因为那上面早已写满您爱的咒语。

火遍朋友圈的那句"你陪我长大，我陪你变老"不知融化了多少人的心；可比这话听起来更加温暖的或许应该是："我已经长大，她亦如女神一般散发着永恒的爱的光芒。"

生命中每一个闪闪发光的瞬间，都有你不曾缺席的爱

在我心里，妈妈长得娴静温雅，却美得惊天动地。

她好似岁月的宠儿一般，被时光雕琢得越发气质非凡。

与众不同的公主

我出生在温暖的春日，家里有一张珍藏的老照片，照片上妈妈穿着粉色的蕾丝睡裙侧卧在床上，既幸福又新奇地亲吻着怀里的我，最是那一低头的温柔，目光里满满都是喜爱。

生命如同在峡谷间穿行，这一刻阳光明媚，下一刻也许会暗无天日。

在一旁形影不离照顾我的奶奶前脚刚出屋子，一声啼哭，打碎了这短暂的欢乐。妈妈第一次打开我的襁褓想为我换尿布，刺入眼睛的是我缺失的左小手臂，她看了一眼马上又把襁褓盖上，号啕大哭了起来，又马上用被子捂住嘴，怕奶奶听到。

　　她的生命顿时陷入了无边无际的黑暗，任何一个母亲都无法接受把这样不完美的孩子带到世上，更加无法接受我已经出生近一个月她才知道的这个事实。

　　奶奶听到哭声推门跑进屋，看到打开的襁褓似乎明白了一切。"我怕你坐月子知道这事心里苦，身体撑不住再落下病，才把孩子天天包好了送来给你稀罕稀罕喂喂奶。没想到，哎，不说了，别哭，小颖，妈不怪你！"

　　听奶奶说，接下来的日子妈妈几乎天天以泪洗面，哭得让她感觉体内的血都要抽干了，瞧着心里刺生生地痛。她哽咽着说："如果可以交换，我恨不得把自己的手臂立刻拆下来给这孩子安上，她没有手，等咱们都岁数大了，谁来照顾她？她怎么面对这样的自己？她怎么拥抱她喜欢的人？"

　　然而，她有一个名字叫母亲，她没有办法停止对我的喜爱。尽管照顾我的过程漫长又令人心酸，可在这不堪的生活废墟上，随着我一天天长大，母爱的光芒更加耀眼。

　　她嘱托家里人："等孩子懂事了，我们谁都不能在她面前哭，要笑，要好好爱她！"

　　搬家收拾的时候，我不经意间拿起一本泛黄的日记里滑落的照片，看到照片上竟然是我刚出生不久的样子，下面写着一行清秀的小字："你的出生是一道疤，而咱俩却筑起了一道爱的墙，来抵御整个世界的寒风。宝宝加油，妈妈会一直陪着你。"

我瞬间鼻子有点酸，眼泪早已亲吻了脸颊。

从记事起，我性格安静，很少出家门，我时常想象着每一个温暖的清晨醒来，看阳光一寸一寸覆盖每一处砖瓦尘埃，自己变身成穿着一袭华美长袍的公主，身上有一对毛茸茸的可人的翅膀，手里握着闪闪发光的魔法棒，睁开眼睛的瞬间，爱与妈妈同在。

因此，我的卧室里总是放着一个方形复古的"大宝箱"。箱子里装着各种各样的发饰、小礼服、玩偶和花样布料，当然还有很多长得很相似又在细微处不尽相同的洋娃娃。

在我的记忆中，打开箱子的一瞬间就好似开启了别样的童话王国，每天睁开眼就要看看又多了些什么新的玩具。更小的时候，我以为是有神仙，定期带给我比吃到各种小零食和考一百分更让我雀跃的小欢喜。后来我才知道，那些美丽的公主梦，都是妈妈精心为我编织的。虽然那时候家里并不富裕，可她却将最好的都给了我。

我知道，每个妈妈从宝宝出生的那一刻起，就变成了女王。她们要努力工作，照顾家庭，希望将世界上所有最好的东西和无私的爱都给自己的孩子。

可我的妈妈却要付出比别人更多的耐心和时间，因为我是个与众不同的公主。

宝贝你别怕，有我在

第一次妈妈把小伙伴邀请到我家里陪我玩，我开心得把宝箱里的娃娃拿出来摆了满满一床，小伙伴看到堆积如山的玩具羡慕得不得了。

我兴致勃勃地给他们展示我亲手给娃娃做的小衣服，在给娃娃换装的时候，由于衣服肩做得有点儿窄，一用力气不小心把娃娃的胳膊弄掉了。

"胳膊掉了，这不跟张超凡一样了嘛！"一旁的N笑得合不拢嘴。

我脖子一挺："不怕不怕，小娃娃的四肢都是可以拆开的，你看，头还能转动呢。牙掉了会再长出来，等春天来了我的胳膊就能长出来了！"

"还想你的胳膊能长出来？你是在说梦话吧！不可能长出来的，除非像动画片里演的你有魔法，哈哈！"N一脸坏笑，边说还拽着我的空袖子摇来摇去，转眼间竟给我的袖子打了一个结。屋子里瞬间一片安静，我的心好像是被人拿着刀在一片一片地切割。

泪珠子不听话地滚落下来，我拿起手中最心爱的娃娃狠狠地摔到了门上，眼睛里充满怒火地对他们说："坏人！你们都给我出去，我一辈子都不想跟你们一起玩了！"

"怪不得没人愿意跟你玩，要不是阿姨买糖请我们来，我们才不进这个门呢！"走时他们甩下的这一句话彻底敲醒了我。

我冲出房间，撞到妈妈怀里"哇"的一声大哭起来："妈妈，我的胳膊再也长不出来了，是吗？"

妈妈紧紧地搂住我，一如小时候那样亲吻了我的额头："是的，宝贝你别怕，有我在。只要你听妈妈的话好好努力，所有爱你的人都会助你一臂之力，那时候我们超凡就会拥有全天下最有力量的右臂，像天使一样去帮助更多的人，你愿意吗？"我眼里噙着泪花，用力地点着头，依偎在妈妈温暖的怀里。

痛苦一阵阵袭来，可妈妈却一次次为我分担着哀愁，尽管她心里比我还要痛，也要不惜一切代价让我变得开心幸福。

这个世界上，能够具有这种治愈魔法的就是妈妈。

罗曼·罗兰说，这个世界上只有一种英雄主义——看清这个世界的真相，然后爱这个世界。这或许是我们面对痛苦时唯一的救赎。

妈妈，我知道你是故意的

那时候的我特别喜欢看古装剧，尤其欣赏那些仗剑走天涯又不失才气的侠女。全身白衣，长发披肩，年纪虽幼，却是容色清丽，气度高雅，能舞剑亦能吟诗作画；白雪一映更是灿然生光，犹如仙女下凡一般。

我多么希望能够像她们一样带着爱与梦想闯荡江湖。

妈妈说：人生就是江湖，有梦想就应该去闯。

平衡能力对于我而言是一个最大的坎儿，如果能迈过去，未来的路也许就会一马平川。七岁时我选择加入市速滑队，成为一名正式的运动员。我剪掉了美美的长发，脱去了公主的蕾丝裙，取而代之的是如小男孩一般的寸头和紧身的中国队速滑专业连体服。

那是一个寒冬，上冰前当听到教练第一次说让我们在四百米一圈的运动场先跑十圈热身时，我愣住了，以为自己的耳朵出现了幻听。

我那时候是队里最瘦弱、年龄最小的，我可怜兮兮地瞧着妈妈，妈妈除了一直对我微笑，一句话都没有说。起初我拿出了五十米冲刺的力气勉强跟着队伍，后来发现越落越远，甚至一次一次地被队伍无情扣圈了。

当大家都跑完时，我一个人无助地站在操场上，雪花肆意地下着，眼睫毛上已经冻出了冰晶，浑身瑟瑟发抖，小手套上抹的已经分不清是鼻涕还是眼泪。我如一只受伤的小鸟扑腾着无力的翅膀等待妈妈把我接走。

妈妈背过身去，身体抖动着，一句话都不说。

"快，还差四圈！跑起来就不冷了，要不你妈妈也在这儿跟你冻着！"朴教练没有任何退缩让步的意思。

"超凡，要做一个让别人仰望的人，就要吃别人吃不了的苦。"妈妈的话在耳畔不断重复，我知道妈妈背过身哭了，我不想让爱我的人流泪，我要成为茫茫人海中的英雄。

我冲着主席台喊了一句："妈妈，我知道你是故意的，你放心，我能坚持！"我咬着牙，疯了一般地奔跑起来。冰雪无情地打在脸上，狂风中我犹如一个被点燃的火把，努力奔跑，这是在无助与孤独中可以进行的最好的游戏。

时间一天天地过去，当发现自己有一天可以不再流着鼻涕和眼泪，而是笑着跑完来时的路时；当发现自己有一天可以在冰面上宛如天使一般轻快地飞驰，将美与艺术完美地融合时；当发现自己有一天参加正常组别脱颖而出，站在冠军的领奖台享受着万丈荣光时，我明白了：做最好的自己才是让爱我的人骄傲的唯一馈赠。

每一次比赛，妈妈都会在场，从不缺席。谢幕时，我站在台上，鼓掌鼓得最起劲、流着眼泪笑得最灿烂的那个人，就是我的妈妈。

她虽然站在聚光灯的阴影里，可我知道她内心有多么满足和骄傲。不知是否有一天，我可以左手牵着爸爸，右手牵着妈妈，站在更加闪耀的舞台上，带给他们升腾的感动。

从那一刻起，我下定决心：能够成为爱我的人的骄傲，将会成为我这一生最初和最大的梦想。

她曾经也是小姑娘

"超凡既然喜欢书画，就去学吧，只要那是你的梦想，就一定有用。"妈妈不带一丝责备地对我说。

我用心和画笔勾画出行云流水的山河，用颜色闪耀出天地万物的生命，用炫墨的纸张漂染着中国传统文化的气息。

在妈妈的守护下，如今我如愿以偿地成了中国画专业的硕士研究生，还兴办了国学书画院，成了"90后"校长。

享受到成功的喜悦，我又鼓起勇气去参加了益智类答题节目《一站到底》，将爱的力量化作了生命的翅膀横扫全场，不但战胜了八位身怀绝技的应战者，还答对了精选五道题成了"维纳斯女战神"。

当胜利的火焰点燃时，当主持人好哥把我的妈妈请到舞台中央时，我之前答题时的理性瞬间被融化了。我终于通过自己的努力让这个天底下最美好的人站在了大众面前，与我一同享受"战神"的光芒。

"如果说我是女战神，那么妈妈就是我心目中永远的女神。她有机会也有理由去要弟弟妹妹，可我却是爸爸妈妈二十年来唯一最爱的女儿！"这样的感言瞬间在网络上传开，还有很多粉丝发了"张超凡妈妈好漂亮"的帖子，分享这份特殊又平凡的感动。

"'90后'古典美女演绎古典气质横扫全场"的标题映照着我儿时的侠女梦，熠熠生辉。

人生的困顿在于不确定性，而精彩之处在于其无限的可能性。在挑战未知的自己的路上，我时刻记得妈妈对我说的那句："超凡，你的未来谁也没有去过，不要轻易给它一个结果。"

我从小就觉得妈妈特别厉害，不怕黑、不会迷路，什么都知道，心灵手巧，把生活打理得井井有条。

可长大后才渐渐发现，妈妈曾经也是个小姑娘。

不怕黑是因为怀里抱着的是她最爱的孩子，生怕一步踩不稳将我磕着碰着；不会迷路是因为连东南西北都分不清的她，事先已记清了所有可能要走的路，这世界上什么都可以丢，唯有孩子不能丢；什么都知道是因为她想让孩子明白，这世界永远都不会辜负你的就是妈妈和知识；心灵手巧是因为她在私底下笨手笨脚地被扎到过好多次手，却依旧用受伤的手指摆出胜利的姿势，让我身上的一针一线都包含满满的爱的味道。

最美的姑娘，是什么让你变得如此强大？

是岁月，还有爱。

　　或许，在人生的路上我们会缺失一些东西，但妈妈的爱，却在我的生命中有增无减。

母爱的方式有很多种，未必有一种最为合适。但是每一个妈妈都会拼尽全力为孩子撑起一片属于爱的晴空，有妈妈的日子是开心幸福的，孩子给父母带来的记忆也是无价和永恒的。不盼望孩子成才，只希望孩子一生顺遂。

回忆起和妈妈在一起"成长"的岁月，我会有一种从心底涌出的温柔，那是一种能融化钢铁的温柔。

妈妈，答应我：我生命中每一个闪闪发光的瞬间，都要有你不曾缺席的爱。

CHAPTER 3

人生从来都
靠自己成全

身处人生
低谷时头顶的天空大小，
取决于你凝望它的角度。

"在真正的比赛中，冠军永远跑
在掌声之前。只有冠军冲过了线，掌
声才会响起，之前陪伴自己的只有汗
水的滴落和坚持不懈的寂寞。而这种
寂寞，最终会打开掌声的辉煌。"

在寂寞时光
里，逼着自
己去成长

柠　檬

这是我特别欣赏的一段话，也让我联想起了一位老朋友柠檬七年没有更换的微信签名："走完你该走的路，才能走你想走的路，自己选择的方向，就算哭着也要走完。"

昨天我受邀在音乐学院做了一场以"青春的烦恼"为主题的分享会，会后很多开朗率真的同学纷纷与我合影留念。他们的热情犹如夜空中璀璨的星辰，照亮并温暖着我回家原本有些孤独的路。

就当我穿好大衣即将走出音乐学院教学楼时，一双纤细的手帮我推动了玻璃门。我顺着手的方向看去是一位温婉腼腆的姑娘，一双明眸配着可爱的丸子头，有一种花千骨的即视感，惹人不禁多看几眼。

"超凡姐姐，我能跟您合拍一张吗？刚才在报告厅里，我原本准备了好多话想对您说，可是一看周围有那么多人，手又缩回去了，脑袋里已经组织好的语言全乱了，总之就是很喜欢很喜欢您！"说完，她的脸上浮出一丝粉红色，特别可人。

在后来与她的交流中，我知道她是一个不善于沟通的人，做事总会特别紧张，即使是她最擅长的钢琴演奏，她也会因为紧张而发挥受限。从她的眼神中，我看到了一丝不甘与淡淡的忧愁。

听完她的困扰，我回忆起了那位老朋友——柠檬。

我与柠檬已经有七年没见，高二时我们同在一个屋檐下学习画画。因为文化课成绩并不理想，学习艺术是她父母替她做的决定。那时她很内向，很少表达自己的观点，才华也并不出众，因此在班里存在感并不强。

但是，她却是一个特别倔强的姑娘，她确定的事情没有人可以轻易改变。

她曾告诉我：她父母希望她安安心心读一个好大学，毕业后找一个稳定的工作，与爱的人幸幸福福地过一辈子。可她却希望做生意，当一个女企业家。

一周后她离开了画室，她的父母终究没能拗得过她。

后来，我听说她去了深圳，读了一个普通的本科，又做起了鞋子批发的小生意。此后几年里，就再没有听说过她的任何消息。

没想到，年初在韩国飞往家乡的航班候机厅，我与她重逢了。

在换取外币的队伍中，她兴奋地认出了我，更有缘分的是我们在登机牌上的座位竟然是挨着的。

如今的柠檬已然是一位"90后"的CEO（首席执行官），二十岁出头，行动力极强，经济完全独立，手下有服装外贸公司、宾馆，最近还投资了艺术教育行业。逢年过节，她还会领着父母去世界各地旅游，从她从容自得的话语中可见其敏锐的商业思维，举手投足间尽显女王气质。

作为朋友，我并不仰望她的成功，却由衷地为她能够超越自我，实现自己最初的愿望而感到兴奋与骄傲。我问她这七年里都经历了些什么，光芒背后一定承受了太多常人吃不了的苦。

她对我说："在最寂寞的时光里愿意拼命的女孩子，终将会光芒万丈。"

有时候，苦难与孤寂是成长的"催化剂"。

柠檬讲述自己在大学期间，每周都会去深圳最大的批发市场进货。为了节约成本，她一个瘦弱的女孩子拖着硕大的麻袋坐公交车，奔走于校园周边做起了鞋子生意。

从最开始脸皮薄，不会沟通介绍，好几天也卖不出去一双鞋，大冬天冻得手脚僵硬，饿的时候只能在宿舍天天吃泡面，到后来开始学着绘制宣传牌与赞美顾客，甚至有了回头客。柠檬渐渐有了成就感，并喜欢上脸上挂满笑容、积极表达的感觉。

起初，她担心会被同学们认出来笑话她。但是后来她发现，与其孤独沉默等待死亡，不如打开心扉认真去倾听顾客的需求，并与她们一起奋斗。

大学四年的时间里，由于爽直的性格与真诚的态度，加上风雨不误的坚持，她终于有了自己的门面与公司。很多周边大学的社团也从她这里订制演出服与鞋子。她的产业链也复制到了家乡长春，生产的雪地靴在这个北国的冬天特别受欢迎，有时日收入就能过万。后来，她在其他行业也开花结果，有了自己的合作伙伴，并有了融资项目。

就这样，一个身高不足一米六的女孩子，在最寂寞的时光里，逼着自己去成长，逼着自己去迎接挑战，逼着自己每天快速学习突破自我，最终成了最亮的那颗星。

就像一只脚踩在了汪洋大海中

柠檬听说我也自己创业了，而且做的是自己最爱的艺术教育，她开玩笑地说："还说我，你不也苦尽甘来吗！"

没错，"苦尽甘来"这种词用在努力的人身上是一种恩典。

高中时我是理科实验班的班长，在班级深得人心，又是老师的得力干将，文化课前十名左右的成绩也还说得过去，却因钟情于美术而选择成为艺术生。在重点高中，这种选择一度让很多人不解。

高二我办了离校手续，告别了学校的朋友们，开始了集训生活。每天晚上我都会画到凌晨，铅笔灰已经深入手上的每一个缝隙，需要洗三四遍才能洗干净。早上不到六点就起床自学文化课，班级同学做的卷子我一张都不曾落下。

一间两百人的教室里，每天清晨只有我一个人的倔强身影，想来要走自己选择的路，就应该承受这份突然袭来的孤独感。

次年老师带领我们来到北京，准备参加北京的艺术加试。我们住在通州区的一个中学里，或许内心最恐慌的就是初到北京的时候。那时的通州刚刚被开发，地铁还没有完全开通，周边荒芜，吉野家就是最大的饭店。

艺术类加试大部分都在城市学院报考，我第一次自己去报名时北京下着大雪，公交、地铁倒了四趟才到。上万名艺考生刺入我的眼睛，那一刻我觉得北京太大了，我渺小得就像是一只脚踩在了汪洋大海中，无根无系，有一种说不出的酸楚。

尤其是，大雪中当我在队伍里冻得眼睫毛都有霜了却不敢离开一步，别的孩子却有父母在一旁打伞陪伴之时，我心里也好像下起了雪。那时候我特别想挥手告别，再也不给北京添堵了，回家吃妈妈最拿手的炸酱面。也许那一刻我们太渺小，没有足够的勇气与信心留下来。

一位阿姨从身后递过来一杯豆浆，或许察觉到了我不便的左臂，她冲我笑笑，随即将我羽绒服帽子上的雪花扫落，说："孩子，一个人来北京不容易，我陪我女儿来报考，她刚进去提交材料，你快拿着豆浆暖和暖和。你是好样的！"

手握着暖暖的豆浆，妈妈的微笑和我曾经怀揣梦想的样子浮现在眼前。

心里想着终有一天，我会在这片土地上璀璨耀眼。

不去逼自己，我不会知道原来自己可以背着画板，拿着沉重的色彩画箱穿梭于北京各条地铁、各路公交，方向感极强地参加各个学校的艺术加试；不去逼自己，我不会珍惜大年三十没有春晚、没有饺子、没有家人，几个同学围坐在一起画速写的时光；

不去逼自己，我不会学会如何一个人去面对寒风冷雨。

最后，我如愿考到了北京，并且在拼搏的时光里被授予了"最美北京人"荣誉称号，受邀到北京诸多名校进行励志演讲，在寂寞中被点燃，在燃烧中自我成长。

在寂寞的时光里，只要你不认怂，生活就会对你堆满笑容。

逼着自己在困境中成长，在逆境中超越。如果你还没有得到别人的掌声与赞许，不怪他们太过冷漠，只是因为你还不够拼命、不够优秀。

在奋斗的时光里，让你的优秀配得上你的自尊，让你的视野配得上你的骄傲，让你的成功配得上你曾经经历的所有苦难。

生活或许不一定有你想象的那么好，但至少不会那么糟糕。只有在寂寞的时光中不慵懒、不胆怯，一次次蜕变，一次次超越自我，逼着自己去成长的人，才会在多年以后，微笑着感谢在这段时光中蹒跚却超凡的自己。

在最艰难的岁月里，将人生变得美好

我们的生命中或多或少都会经历这样一段时光，正如海子所描述的那样：该得到的尚未得到，该失去的早已失去。甚至是，不该失去的都一并失去了。

人生中有几层巨浪，大多数人都逃脱不过，比如成长，比如成熟，比如看透，比如成全。

这几个词，初眼望去，有一种春华秋实的平和饱满质感，让我们永远年轻、永远热泪盈眶，对青春的蓬勃繁盛充满期待与兴奋。

倘若细细品来，在人生的重要转折，在青黄不接的岔路口，我们也会发现这些字眼中暗含着不可言喻的摧毁感和破坏性。深陷低谷，毁掉的是一个人曾与生活电光石火间便能燃起的熊熊挑战之火。

因此，一个人的人生转折阶段，可以是最坏的人生阶段，同时也可以是最好的人生阶段。

出　发

大学的那几年我真如女战士一般勇敢无畏，在给学弟学妹的青春榜样报告会中喊着"即使跌倒，姿势依旧豪迈"的人生信条，似乎心中有一朵玫瑰，惊艳四座、蓬勃怒放，在青春的花园中肆意绽放，渴望活出真我的模样。

"你是女生，干吗那么拼啊？"最近我总被问到这句话。

而每每被问到的时候，我都会莞尔一笑，不反驳也不多加解释，但我心里清楚：正因为我是女生，才要努力奋斗，活出自己想要的模样，然后拥有一份势均力敌、彼此独立的爱情。

可创业初期的日子真真切切地让我体会到了人生低谷的孤独与困窘、搭建梦想的艰辛与不易。

我的导师用她经营的别致生活引导着我：一个女生，无论有着怎样的家庭背景，都要拥有属于自己的追求。在工作的同时也可以去做自己喜欢的事情，有一个特别的空间可以允许自己活得随性而又内心丰盛。

于是，我有了开画院的想法。

大三开始，我就着手于画院的全面设计和场地的选择。走过车水马龙的繁华区，经历山清水秀的城新区，最终决定把画院开在虽地处朝阳区城市中心地带却独立悠远的西昌胡同里。

至今我依旧记得当初选中这块宝地的兴奋感，恨不得向周边支持我创业的亲朋好友全部通知一遍。那是一栋很有画面感的独立楼，虽然房子还没有装修，但我仿佛已经可以闻到建好后的那股书香和墨韵味儿。

房子租好后便是各种手续的审批，这远比我想象中的更复杂。

有人说："现在申办学校、幼儿园、养老院这一系列的手续特别难，要不你先开着，等查到咱们再想办法呗。"

虽然那时候已经被铺天盖地的材料搞得头晕目眩，我却能够清醒地从众多材料中钻出来说了句："我想在这里建立的是一个有书香味、有梦想的家，我要给以后走进这里的每一个人以踏实的体验，再繁杂的流程和材料终有整理合格的时候，没准过几年等我再开分校就轻车熟路了！"

爸爸陪着我往消防队、教育局、民政局、税务局等一次次地跑，有时候，看到他近五十岁的年纪为了我一张未填写合格的表格而在大热天到处奔波时，心里会责备自己执着的意义：究竟为了什么？可爸爸却不止一次对我说："只要是我姑娘的梦想，就值得。"

每个人的生命中，都有最艰难的日子，将人生变得与众不同。不去搏一把，你永远不知道自己可以放射出多少光芒。况且，吃多少苦，享多少福。你想要走得更远，那肯定就要付出得比别人更多。

当我拿到教育局颁发的民办非企业办学许可证时，爸爸回忆说：那时候你一脸"自立门户"的兴奋，里外屋上奔下蹿，连咱家小狗都跟着开心地使劲摇尾巴。

身处逆境中，若不逼自己一把，总觉得还有时间或者还没准备好，那和井底之蛙有什么区别？

失　眠

之后的生活就是安排工人施工、选购材料、订购各种用具。投身其中，我才头一次意识到自己的才华竟不足以去支撑这个并不伟大的梦想。

三个月后，很多问题接踵而来：墙面漆体的颜色与设计图纸不符，由于施工方的失误，原本复古的棕色被调成了让人焦躁的棕红色，地面地板的面积被多计算出不少，突如其来的暴风雨把门口装饰的灯笼和牌匾折磨得不忍直视，导致墙体受潮，很多地方需要返工。更让我崩溃的是，装修的开销在不断加大，平时皮肤一直不错的我起了一脸的痘痘，晚上头疼起来需要吃去痛片才能入睡。

那些日子，我经常失眠，久不能寐，望着窗外自己曾就读过的高中校牌牌匾发出的霓虹灯光，突然特别想回到曾经无忧无虑的学生时代，哪怕那时候有做不完的作业和隔三差五的考试。

可内心站出的另外一个自己却在说："你有什么资格退缩，那和把头埋在沙堆里的鸵鸟有什么区别！都已经付出那么多了，为什么不再拼一次？你还没有输！"

那天我一夜未睡，熬到天亮，听着学校熟悉的铃声响起。

我想看看自己究竟能走多远，之后，我更加细心、追求品质。我们夜以继日地讨论方案，连"双11"都绑在了一起，直至晚上十一点半才开完会，回家的路上还在微信群里互相挖苦，说是无形中省了一笔网购的钱。

那些日子，的确辛苦，甚至精疲力尽。

但直至今日，我依旧怀念那些日子，很感谢那时候帮助我一路走来的长辈和同事，看到屋里的每一件物件，我都能有声有色地讲述一段故事，感觉好像是它们陪着我走过了一段谁也无法替代的成长之路。

别说生活欺骗了你，身处人生低谷时头顶的天空大小，取决于你凝望它的角度。从怯懦到勇敢，是给自己的最好祝福。

迷 茫

一路跌跌撞撞，好不容易熬到了书画院正式开业，在外面的宣传海报上，我第一个就张贴出了国学公益大讲堂课程，引起了不少周边居民的兴趣。

一位老大爷进来问的第一句就是："这么像样儿的装修，真就不收钱就让学？"

"只要您对中国传统文化感兴趣，随时欢迎您啊！"从大爷的疑惑中我听到了一丝丝赞许的意味。

来听每周六公益大讲堂的人越来越多，门口的车位已经不够用了，从小学四年级的小神童到六十多岁的退休老干部，他们无一不是抱着对知识的渴望而来。

每周无论多忙我都会安排车接送老师，想着老师少受一些累，大家能够多学点知识。

正当课业火热之时，授课的老师提出以后准备长期在这儿讲座，需要我免费为他提供独立会议室的要求，看着讲座效果这么好，我一口答应了。

不出一周的工夫，全新的会议室和多媒体设施就全部配备完成。随后，我竟没想到这位老师不止一次地让我以万元为单位为他所谓的组织捐款，否则就离开这里。

我迷茫了，说好的一起做点力所能及的事，怎么就变成敛财的开始？本该单纯的公益活动为什么会变得功利？是我们太简单还是对方太复杂？

我不知所措地将事情原原本本地讲述给家里人听，长辈说："超凡，你的善良永远都没有错。欲望，是永远都无法满足的无底洞。你心里需要权衡，到底要做什么，必须要舍弃些什么。"

我鼓起勇气拒绝了那位老师的索取。

损失一定会有，他称上课场地有限，从此无法来上课，还私下里把很多学生转而介绍到了其他学校，几个老师也受到他的挑唆跳了槽，消失得无影无踪，刚刚成立不久的书画院一度陷入瘫痪状态。

爸妈商量之后往我卡上转了一笔钱，怕我难受，还摸着我的头对我说："创业的路上谁都会遇到磨难，这钱不是给你的，是借给你的，等张校长以后做好了是要还的。"

我强忍着不哭，最终却泪如雨下。

上天的恩典

在人生中最艰难的岁月里，我们犹如在汪洋大海中沉浮，无根无系地漂泊流浪。风浪汹涌无比，排山倒海地迎面而来，若是招架不住就会被吞噬到无尽的海底，让那些曾经梦想着仗剑走天涯的热血少年变得冷漠淡然，行事老气横秋如日暮西山；若是能够将风浪视为挑战和上天的恩典，迎难而上，奋力向前，或许会乘风破浪一跃龙门，从此人生一帆风顺。

在那横冲直撞的岁月里，每每遇到无法突破的瓶颈，爸妈都会拼尽全力顶我一把。我多么希望可以尽早用右手撑起一片晴空，让他们好好享受别样的幸福。

即使深陷低谷，我也不会是孤单的一个人。

带着爱我的人的守望与祝福，我要拼出属于自己的传奇。

人的一生中，能遇到一段最艰难的岁月，也是一种完美。

因为这段最艰难的岁月，是韬光养晦、自我升值的最佳时期。

我请出了几位自己小时候的授业恩师，很多学员听说他们出山，纷纷前来报名学习。利用新媒体的快速传播性，我还同时搭建了微信公众平台、糯米课程团购、"书写福气"公益体验课、读书会等特色活动，朋友们也纷纷出谋划策，帮我转发微博，还分组来做志愿者，大大降低了我的聘用成本。

教学品质是重中之重，我时刻秉承"读书以明理为先，立身以至诚为本"的宗旨，将中华传统文化的精髓融入家庭教育和终身学习，让学生在书画的艺术中感悟圣贤智慧。

在经营书画院的日子里，我也免费辅导了几个肢体残疾并且热爱艺术的孩子。随着一档综艺答题节目的播出，很多媒体将我的奋斗历程进行了专题报道，省市各界的帮助彻彻底底将我拉出了艰难的谷底。

那一刻，我闻到了阳光温暖的味道。

如今，我已经有了六所书画院分校，成了生活的女王，从立志到创业成功，一路走来都是生活的厚待。

　　很多时候，我们谁都不是一开始就充满勇敢、无所畏惧的人，谁都不是最初就能预知未来并积极应对的人。

但我们可以是这样的人——即使身陷谷底，却如潜龙在渊，能够倾其所有，投身其中。这样的人定将会在披荆斩棘后遇见闪闪发光的自己，温暖自己，也照亮他人。

不论刮风下雨，做一个有未来的人。起初我认为自己万般不幸，出生便失去了一只手臂，如今我才发现，原来全世界都在助我一臂之力。

当你排除万难开始全身心投入一件事时，当你毅然地走在前进的路上，风雨无悔地做着自己时，即使身陷最艰难的谷底，都比站在原地更接近幸福。

唯有沉入海底，才会看见那独有的满天星光，配以一颗不甘平庸、永远向上的心，人生就会变得美好而辽阔。

"这些年，很多事都放下了，为什么偏偏不肯原谅他呢？"

"有句话不是说，再怎么奔跑也跨不过青春，我跨不过去，只能放手。"

"五年的感情，说断就断了，你也真看得开。"

"哪有什么看得开呀，不过是装作不去看，有些事儿，得自己去成全自己呀。"

学会放手，幸福需要自己成全

爱是什么

再次遇见雅暮，是在商场的偶遇，离高中毕业大概已有五年。她比高中时瘦了许多，头发也长了。我差一点儿没有认出来。记忆里的她还是那个有着圆嘟嘟的脸颊、留着齐头帘蘑菇头的可爱女孩，如今的她，已全然不同，举手投足间呈现出优雅和干练，像一朵花，从花苞到绽放，散发着温暖又迷人的女神气质。

我们坐在咖啡店里，谈及学生时的往事，难免会说到寒冰。雅暮很坦然，那段青春往事仿佛随着时光的流逝，一点点变得淡然。

"我们都没有错，曾经的他是最好的他，只是现在的我们都不是那时的我们了。时间有时会分出岔路，走着走着就发现，其实不再适合一起走下去。"

我听着雅暮的诉说，怎么也无法将眼前的女子与那个爱哭的女孩融合在一起，如果时光倒流，那时的她一定不会有这般从容和坚强，大概早就哭了，向我倾倒心中的苦水吧。

人和人之间的关系真是微妙，曾经那么熟悉的两个人，走着走着就散了，都说由爱生恨，可比这更痛心的是，爱的另一面早已不是恨，而是能够笑着讲起却再也没有一丝丝的留恋。

雅暮的学生时代一直让人艳羡，不仅因为她有着傲人的成绩，还因为那一段细水长流的爱情故事。那时我一直觉得，即使学生时代只有一对情侣能够修成正果，那一定是雅暮和寒冰。

寒冰是学校的风云人物，他的理科成绩一直名列前茅，又是篮球队的队长，高高的个子加上帅气的外表，是学校里不少女生暗恋的对象。出色的球技让他在每场篮球比赛中都出尽风头，他高高跳起，在阳光下投篮的身影成为后来女生们津津乐道的经典。

像青春偶像剧，寒冰的性格高冷，对身边女生众星捧月的热情视而不见。他心里只有一个人，那就是雅暮。他会把篮球杂志叠成一只只造型完美的千纸鹤，在翅膀上写满情话堆放在雅暮的书桌里传达自己的爱意。

他会为给雅暮写别样的情书而刻苦练字，深夜的灯光下，逼着并不热爱文学的自己看雅暮喜欢的散文作品和漫画，然后在晚自习休息的时候，两人去操场散步、聊天、看星星。

他会在雅暮离校的日子里一门心思地学习，一直学习到凌晨两三点，然后劝雅暮学习上也别太苛求自己，每天的"晚安，好梦"成了他们一天幸福的结束。

雅暮不但才华横溢更细心善良，每天早上她都会带很多水果。她亲手挑选的水果看起来比别人的都要甜，她在削好皮的苹果上面插上表情各异的水果签，方便寒冰一边吃水果、一边看书。

就连她煮的鸡蛋，都会画上让人会心一笑的表情，寒冰不忍心吃，像集邮一样在课桌上摆了一整排，让人好生羡慕。

雅暮每次跟我打电话，提到最多的就是寒冰，仿佛有着说不完的幸福，让我这个好闺蜜成了她们那段爱情不折不扣的见证人。我特别欣赏雅暮的性格，她就好似热播剧《欢乐颂》里的曲筱绡，喜欢一个人就会不顾一切地追求。

雅暮和寒冰就这样在所有人的羡慕、嫉妒中一起携手走过了高中岁月。

高考后，雅暮一直梦想去北京读书，我知道，以她的性格，肯定会报考北京的大学。

填报志愿那天我正巧遇见寒冰，调侃他说："我们的高才生是不是要与佳人比翼齐飞了？"

寒冰没有回答，旁边的好兄弟马上补充道："寒哥从头到尾报的都是北京，跟某些人一样。"

后来我听雅暮说，寒冰老家在天津，家里已经商议好让他去读南开大学经济系，为了和雅暮在一座城市，他背着家里，从第一志愿开始填的都是北京。

爱，戛然而止

雅暮常常跟我抱怨，北京太大了。

我和雅暮就读于不同的学校，难得见上一面。她一有空就去寒冰的学校，早上九点出门，到达时差不多可以准备吃午饭了。

与高中时的冷傲不同，寒冰到了大学，仿佛换了一个人，他先是担任了班长，而后竞聘成为体育部部长。大学给了他施展才华的空间，有了更多锻炼自我的机会，他开始一场场地组织校内的各种球赛，组织班级的春游，甚至还有了要去美国读书深造的想法。

随着校内的活动越来越多，寒冰陪伴雅暮的时间越来越少，从最初的每周去学校看雅暮，到让雅暮去他的学校找他，到最后忙得无暇顾及两人的见面。有时候，连晚安都是第二天早上想起来才补发的。

雅暮经常跟我打电话，哭诉寒冰的改变。而面对这一切，寒冰似乎有着无穷无尽的理由。

大二时，他对雅暮说："等我忙完这场比赛就去找你。"比赛之后，他早已沉浸在与队友的相拥和啦啦队的崇拜之中，拿起手机讨论的是去哪里庆功。偶尔失败时，他才会打电话如受伤的小鸟一般寻求安慰。他的朋友圈有很多与女孩的合影，却从未发过一张与雅暮的。

大三下学期，他又说："等我大学毕业，做完导师这个项目咱们就出去旅游，你想去哪儿就去哪儿。"可直至毕业，他们也没有手牵手一起去雅暮最爱的杭州小镇，划船住复古的客栈。

到了毕业前夕，他又开始忙碌出国的事，"等我办完国外的手续，就接你去陪读，回来再等几年，钱赚足了咱们就结婚"。等等，再等等，雅暮不知道自己究竟要等待多久，才能换来想要的幸福。

青春是有限的，谁也不可能在犹豫和观望中度过。

终于，雅暮在熟悉的操场，在爱开始的地方，与寒冰分手了。

感情不是水闸，说开就开，说关就关。那场感情，雅暮付出了所有，没有保留一丝余力，而她选择在爱开始的地方离开，中途没有争吵、没有冷战，泪流尽了，如风般逝去。如同一首歌，唱到了最酣处,戛然而止。

雅暮说,大学里,她最遗憾的事就是终于熬到了同一座城市,可以和爱的人浪迹天涯时,那个人却退出了江湖。她痛哭过,但哭没有任何意义,眼泪已经不能帮她找回那个人。

一张新的生活清单

听说雅暮分手了,我第一时间打车去了她的学校,坐在她宿舍的床上陪她聊天时,看到她原本干净的枕套上大圈套小圈,为了一次了断,她一定痛哭过很多个夜晚。

当年舟车劳顿只为与爱人片刻相依的她,一心只想把这份感情守护到地久天长,那时万万不会想到,爱着的时候,以为那个人就是自己的一生,谁料一觉梦醒,与那个人已相隔一方。

事实上,在大学里,雅暮同样展现出她的美丽和优秀,身边并不缺少异性的喜爱。听说她分手的消息,当天就有人在宿舍门口跟她表白,更有趣的是,她说每天晚上手机里莫名地多出了很多条的晚安信息。

可她统统拒绝了,她说,从今天起她要开始新的生活,做属于自己的女王。

她为自己的生活列了一张清单,从前恋爱没有时间看的书和戏剧,终于可以在一个洒满阳光的午后一个人静静品味欣赏;从前恋爱时享受美食而长出的赘肉，终于有足够的时间健身、游泳了；从前恋爱时省下给寒冰买礼物的钱，终于可以自由支配了，她每月会买些水果、象棋去看望养老院的老人；从前恋爱时因为双方牵绊而无法确定的未来，终于开始有了方向，她在一次短暂的旅行之后，很快找到了一份不错的工作，展开了自己的事业。

那一年，她沉静下来，心无杂念，为自己做了一次生命的改造，放手的那一瞬间，有千般万般的舍不得，而随着时间的推移，她渐渐回归了自己的生活，并释放出超乎想象的能量。

雅暮的坚强与独立让我觉得这个女孩子身上散发出熠熠夺目的光，五年的感情对于一个年轻女孩来说，无比珍贵，从幸福变成牵绊，并不是所有人都能像她那样，勇敢地选择放手，又坚强地从落寞中走出来，努力面对新的生活。

放手有时并不代表着失去，也意味着一种获得。它让我们认清自己，让我们可以拥有另一种生活。跨过难过与困顿，岁月里那段难忘的时光，终于可以冠上自己的名字。命运不会为谁安排好一切，它总会在人生的道路上设置很多路口，要你自己去成全自己。

大学毕业后，寒冰曾约我们出来聚会，我心里清楚他约我的目的是想打探雅暮的消息。虽说他们在一起五年，有过数不尽的幸福时光，可是那些缠绵的誓言，都已经成了回忆。分开并不是谁的错，只是那些年的时光再也回不去了。

　　"在雅暮之后，我接受了几个人，可总是会不由自主地拿她们和雅暮做比较，才发现她是那么美好的存在。最遗憾的是，直至分别，我们都没有一张正式的合影。"寒冰感叹道。

　　这话让我想起了曾经读过的一段关于《大话西游》的感悟："曾经与我们仅有一步之遥的人，一旦错过，之后哪怕化身绝世英雄，身披金衣金甲，踩着七彩祥云，一跃十万八千里，也未必能追得回来。"

　　雅暮的放手，对于她的生活来说，是一种成全。

　　其实，对于寒冰，已无须用原谅或者不原谅去形容，毕竟，每一段相遇，哪怕是一个转身的遇见都是缘分。那些痛的领悟，最终总会照亮前方的路。

　　对与错并不重要。与其纠结这些，不如趁爱的时候，认真去爱；不爱的时候，学会放手，别再回头。

　　爱与爱过的差别，总是隔着一段过往。

　　好友川曾告诉过我，不要轻易去爱，爱失去的时候会很痛。别靠得太近，有一天离开会很难走出"习惯"。

　　习惯性地会想在你生日的时候送上祝福，习惯性地会想在雨天给你送伞，习惯性地会回忆起曾经一起走过的路、遇见的人、说过的誓言，却唯独再也提不起爱。

张爱玲说过，没有一种感情不是千疮百孔的。

在青春之书里，总归是要经历的。往事随风，从容淡去，记住该记住的，忘记该忘记的，才真真正正的是我们的福分吧。

遇见对的人，我们一起幸福；遇见错的人，他让你更好地成长。

面对爱，我们都哭过、笑过、争取过、失败过，青春此刻于我们早已没有输赢，只有圆满。

感恩那段青春，让我遇见心动的人，曾毫无顾忌地狠狠绽放过、灿烂过；那些在阴霾中努力前进的岁月，让我们有底气挥手告别，成全属于自己的幸福。

愿所有的相遇
都恰逢其时

不得不承认，我是一个特别感情用事的白羊座女生，或许是因为我们谁都无法预知未来，因此，我总是喜欢温习过去。

五四二班

曾经我是一个极度恋旧的人，我日常的生活就将这一点体现得淋漓尽致。

一本小学同学毕业录，我能让它在搬了四次家后依旧保存在我的书架上。那些年做过的堆起来有小山高的《五年中考三年模拟》《典中典》和《王后雄学案》，即使纸张已经发皱发黄，我也不忍心把这些青春的独家回忆卖给收纸的大叔。更有趣的是，就连学生时代用过的非智能手机我也要妥善安放，生怕把信箱里收到的曾经让我幸福得如一只小白兔的情话短信弄丢。还有我的校服、玩偶，甚至是在学校马路边买的三元钱两个的数字小徽章我都留着，不论拿起哪个物件，我都能有声有色地讲出一大篇故事。

在感情方面，我也特别执着，既有着火象星座一贯的慷慨仗义，又喜欢细水长流用心经营。如果我认定这是我的朋友，值得深交，我就会设身处地地去爱、去付出，甚至有时候傻傻地忘记了自己也会难过，也需要被照顾、被保护。但或许正因如此，我变成了一个特别害怕失去、害怕离别的人。

实不相瞒，第一次知道有毕业这回事是我上小学五年级时。

毕业晚会那天，我用彩色的粉笔画完了小学最后一次黑板报，同学们纷纷让我在他们的书本上画了形态各异的或跟她们长得有些神似的神奇宝贝简笔画作为毕业礼物。我怀里紧紧抱着班主任"小狮子"送给我的书。

仍记得她教我们的时候才刚刚大学毕业，一头金黄色卷卷的头发配上一副圆框眼镜，萌萌可爱的同时，又极度保护我们班的同学，我们在外面受到一点儿委屈她都会冲出去跟其他班班主任理论，直到扛着胜利的大旗骄傲归来，那样子犹如动画片《狮子王》里的"小狮子"。

她把我从一个自卑的丑小鸭提拔成闪闪发光的大队委员，推荐我第一批入少先队、入团，还第一次让我成了她笔下的主人公，从那时起我就许下了为她写点儿什么的愿望。

头一次觉得时光走得好快，随着小虎队歌声的响起，我们领完毕业证，同学互相搂搂抱抱拍拍照后，我就被奶奶接回家了。

出了五四二班的那一刻，我"哇"地一下就哭了，那伤心程度犹如看琼瑶剧。

一想到以后"小狮子"就要去深圳工作了，连火车都没坐过的我该怎么去见她；大家以后再也不能一下课就一起从五楼狂奔下去玩"踢电报""跳皮筋""打口袋"的游戏；我再也不会拿错同桌的作业本；再也不用因为忘戴红领巾而害怕值周生检查；再也不能和队友们一起在学校的冰场里滑冰训练，听他们称呼我"超凡公主"；那些性格各异的老师、那些摆地摊的阿姨，可能以后就再也见不到了；我哭得跟泪娃娃一样。

头一次觉得学校和家的距离原来只有五年，一晃就过去了。不知道为什么，离别在我心里被认为是一转身就是一辈子的距离。

我不能接受在对方身上投入了那么多感情，从羞涩地自我介绍到肆无忌惮地在青春的十字路口一起分享、一起成长后，忽然发现这个人从我的生活中渐行渐远，哪怕以后都听不到彼此的消息，这对于我来说，是一件很残酷的事情，完全不能接受。

有人上车，就会有人下车

初中毕业时，我最舍不得的是我的同桌。

那时候，每一天都在瞬息万变和一成不变中度过，瞬息万变的是超能实验班学习的节奏，一成不变的是我和两个同桌快乐的生活。

感到最温暖的事就是在初冬雪后的清晨，迎着明亮而不刺眼的阳光，看着左手边的同桌天然为我叠好厚厚的羽绒服，放在右边同桌天成的地盘上，还要托着下巴，看着天成无奈又包容的笑，然后给他画各种表情的简笔画，每天傻傻地、乐此不疲地重复相同的事情。

仍记得，我们这桌是班级中最有才华和逻辑思维的结合体，年级两千人中唯有我和天然两个作文满分，而天成则是数学、物理、化学超级课代表，入学时年级第二。

我们三个正好组成一组对联，上联是"文章本天成，妙手偶得之"。下联是"清水出芙蓉，天然去雕饰"。横批"超凡脱俗"。

天然的笑是针，天成的包容是线，就这样，我用心将一针一线织成了一张幸福的大网，网进了一曲曲清歌，一段段传奇，一夜夜美梦。即使有一天会不忍地挥手告别，梦里我们依旧记得彼此的笑。

毕业那天晚上，我看到天然QQ空间里为我置顶的日志《因为超凡，所以脱俗》，日志最后一段这样写道："这些没有了兄弟姐妹的日子里，很多人都变了，我总是独自想着，有什么是未曾改变的呢？终于，还是那个影子出现在我的脑海里，超凡的笑是永远不变的啊。

"只有我心里清楚，如天使一般的超凡是多么完美，写这篇文章献给超凡，只希望超凡看后能够笑笑，我想象着你会心微笑的样子，一定会满足地笑着入梦，梦见我们当年的故事……"

读完最后一句，我竟是笑着哭的。

我是怎样地想念你们，我是怎样地想念你们并且梦见你们，我是怎样地因为不敢想念你们而梦也梦不见你们。

我将这篇日志转载到了自己的空间，唯愿多年后再看到他，能够想起曾经笔走天涯的幸福时光。

后来，天然去了美国读书，他说他最担心的就是随着毕业，老朋友们渐渐远离了，超凡会很孤独。

在异国他乡，他梦见我一个人孤独地在角落里啜泣的样子，会心疼地醒来，然后连忙发讯息给我说："无论如何，超凡的每一天一定要开心地度过，把笑容挂在脸上，全力以赴去追求自己的梦想，天然才会和你一样。"

我连忙回复道："我们都一样，一样的善良，一样的努力追求自己的梦想，我会照顾好自己。"

从那一刻起，我才真正领会曾经引用的那句"至远者非天涯而在人心，至久者非天地而是真情"的真正含义。

以前常听人把人生比作一趟列车，有人上车，就会有人下车。每个人都是生命旅程中的过客，只能陪你走一段路程，唯有一次次地挥手告别，才能腾出空间去接纳新的人。

遇到天然之前，我一直无法接受这个理论。其实也是因为我对于感情有些太过依赖，认为离别以后，我们去到了天南地北的不同角落，虽然头上掠过的是同一阵风，可是依旧会有种强烈的不舍。过去的一幕幕如电影一般，在脑海中穿梭而过，我喜欢缅怀旧时光，觉得逝去的才是最美好的。

可随着一次次的离别才明白，有时候对于过去的迷恋会成为一种负担，不仅是对自己，也是对爱自己的人。

0.00487 的概率

高中毕业，因为艺考我没能赶上学校夏季时统一的毕业合影，快要放寒假时匆匆忙忙回到学校找老师们补拍了许多合影留作纪念。

可没想到班主任有心地将照片传到了传媒公司，当拿到毕业相册时，我竟在众多的夏季笑脸中看到了来自冬天的我，不经意间笑出了声。

高中毕业之后我再没掉眼泪了。或许我们已经开始习惯离别，毕竟在之前走过的日子里，我们已经流过太多的眼泪。

成长真的很有趣，让人可以笑着说再见。

我开始学着微笑地感谢身边出现的人，感恩他们陪我走过的每一段路，无论长短。

我很相信缘分，某位社会科学家关于遇见做了如下的计算过程：假设世界人口是60亿，一个人能活到80岁，也就是29200天，平均每天遇见1000个人，一辈子就能够遇到2920万人，那我们和另外一个人相遇的概率就是2920万／60万，约等于0.00487。

我是一个对数字敏感度不高的人，可经他这么一算，这辈子我们能够彼此遇见就已经足够幸运，更别说能够共同度过几百日的学习时光，留下属于这段遇见的独家记忆，如此，我们还有什么好苛求的呢？

某天清晨，我收到了在北京画画时认识的好姐姐皮皮的微信，她说她怀孕了，我开心得跟个孩子一样。回忆起与她同吃同住一起生活的一个月里，她如大姐姐一般很是照顾我，为我打饭，陪我看病，我的小心愿她都会陪我实现，每次吃到呷哺我都会想念她给我调制皮皮专有小料的味道。

临别时我看着熟睡的她笑着离开了。

关上门的那一刻，我不再觉得伤感，因为以往的每一次"道别"让我将"相遇"的意义看得更加清楚。

所谓相逢一场，是胡适先生口中此去经年的一纸繁华，是前世牵连的伏笔，是久别后的重聚，缘起缘灭，尽力则无愧于心。电影《匆匆那年》结尾时方茴穿着红色长裙在风中的回眸，道尽了曾经眼泪的滋味和难拾的回忆，未来的路上会有更多铭记的人与匆匆的过客，说一句："愿所有的相遇都恰逢其时。"

相逢不易，尽力圆满。

真正的缘分，是我并不会因为时间空间的改变而失

去你，哪怕是遥远的祝福、精神上的共鸣，和一句"你不必说，我懂"，足矣。

我有信心维系漫长人生中那个叫作"缘分"的东西，有些人一见如故，可以彻夜畅谈如相见恨晚；有些人如酒般愈久愈醇，你深夜流泪时只消一个表情他便已知晓此中滋味，然后陪着你直到开心。

实践证明，时间维系的感情不会因为一个节点而终止，相互珍重的情分是长长久久的福分。

此时，我们唯一可以珍惜的就是，认真对待每一阶段的毕业，珍惜每一个艳阳高照或是阴雨连绵的日子，珍惜身边出现过的每一个曾经用心对待过我们的人，带着爱与祝福，勇敢地继续走下去。

相信缘分，相信愉快的告别是为了彼此更美好的重聚。唯有这样，我们才能没有任何遗憾，怀揣暖暖的想念说一句："愿所有的相遇都恰逢其时。"

在杭州的日子里，我爱上了一家建在山腰上的餐厅，名为"柴房"。

总有一种远方，让你心驰神往

"柴房"

第一次发现这家餐厅是在象山看艺术展，那天天气闷热得犹如受了委屈还没哭出声音的孩子，再加上一路颠簸，肚子饿得咕咕直叫，我不由得加快了下山的脚步，盼望着能够在沿途遇见一家餐厅。

没走几步，一阵阵笑声从耳边传来，抬头闻声寻找，发现笑声出自一家建在山腰上的庭院。

它的外观复古却自然，院子有自然的高度落差，从低处到高处是一行错落有致的青石板路，院里种着竹子和一些我在北方没有见过的树种，空地处还有一个水泥篝火台，看样子生活在这里的人经常在这儿烤肉、喝酒。头上是绿意葱葱的竹叶，眼下是池里畅游的锦鲤，时而用指尖划过山间流淌的山泉水，丝丝的清凉可以抵御外界的所有纷繁复杂。

在我们天天说着诗和远方难以实现的时候，竟真有人将它完成了，还是我一直向往的模样。

这是一家夫妻店，从门口的老照片得知，眼前这一切是由一所破旧的院落一砖一瓦精心改造而成的，院内所有的装饰也都取自大自然，譬如其中的一个雕塑艺术作品就是由海中鱼虾咬过的海石形成的，自然雕琢的美与人刀下的想法浑然天成，让我驻足许久。每一个桌上都摆着老板娘清晨从山上采摘的鲜花，味道清新脱俗，犹如她人一般，安静地散发着自己别样的气质。

他们日出而作，日落而息。更特别的是，这家店没有菜单，顾客都是看着食材点菜，做法老板自己设计，不满意可以随时退菜。当味鲜色美的佳肴摆在面前任你前去品尝时，你会发现这种味道正是穿梭于都市忙碌生活中的我们期待的梦与远方。

从屋内的格调与品位可知，老板是一个有情怀、有故事的人。果不其然，走上二楼映入眼帘的是他的奖杯与证书，还有一整墙的与名人的合影。我搜索了他的资料才知道他的每件根雕作品都价值不菲。他名字前面的身份更多，是个名副其实的艺术家，作品更是参加过诸多国内外的展览。

可这里并不同于一般的明星店，没有建在人头攒动的商业区，门外没有打着各种商业气息浓重的广告，屋内没有高端的电子点菜系统和各种App参与的团购活动，也没有形式各异的支付方式。

新媒体主导下的神速快捷始终让人觉得少了一点儿什么。直到来到这里，我才明白：少的或许就是情怀。

一定会有人反驳，一家餐厅谈什么情怀？东西好吃、价格公道抑或是方便快捷不就行了,你以为是在艺术馆吃饭吗!

可是科技带来便利却始终无法取代生活,鼠标点点,指尖轻轻触及,在手机里订购的个性套餐,永远没有在院子内看到新鲜的食材,听着老板娘有声有色地描述如何烹制,然后在厨房门口期待着饭菜出锅的乐趣。正如韩良忆说过的,在超市里,永远没有人会附赠你一把带土的葱。在闹市的餐厅里,人人都有谈不完的生意,没有人会给你用心煮一壶茶,弹一首曲;在山间,可以放空脑子享用大自然的现场音乐,和刚刚做好的新鲜美味。

点完菜,我欣然地坐在其中的一个座位上,虽然踏进这道门之前肚子已经饿得不听话,但在这里却不想催促。正如所有来到这里的其他朋友一样,眼前的视觉盛宴已经温暖了一颗颗繁杂浮躁的都市心。

在柴房,轻音乐、花香、美食、根雕艺术品完美结合。

一切遵循它应有的状态就很好。

这,这统统都是您的作品?

老板特意为我沏了一杯祁门红茶,笑着送到我的桌旁。"你是第一次来杭州吧,这杯功夫茶送给你,从你的眼神中我能感受到你是个有故事的姑娘。"

"谢谢,第一次来杭州就能遇见这么好的店,也真是缘分。很喜欢你们的生活状态,率真不造作。"我接过红茶,不由自主地端详着这个颇有艺术范的老板。

"我们店还在试营业，才开了二十多天，你要是感兴趣，我可以带你看看我旁边工作室里的根雕作品。"随后他拉开一扇玻璃门，让我更加没有想到的是，旁边的"工作室"简直就是一座艺术馆，里面摆满了形态各异的根雕作品。

"这，这统统都是您的作品？"

"是啊，见笑了。我们这个艺术区啊卧虎藏龙，我常常和来这里看展览的艺术家交流切磋，有些人都因此成为十几年的好朋友了。十四年前我是第一个搬到象山脚下的，刚来到这里的时候，院子里的桂花树才拇指那么大点儿，现在已经长到一人多高了。"

"那为什么这里叫柴房呢？听起来很特别。"我接连问道。

眼前这位穿着一身淡蓝色素衣，眼睛炯炯有神，扎着辫子，全身充满故事的人好像一座山脉，每一个经过此处的有缘人应该都想倾听他的精彩人生吧。

"来杭州都二十二年了，来这儿的第一年我就跟我师傅学了根雕这门手艺，每年能雕二三十吨木头，索性我就把工作室的堂号叫作柴房。木头不就是用来当柴烧的吗？"

木头就是用来当柴烧的，这话听起来有点儿滑稽，可细细品味却又很返璞归真。

"那怎么就想着在山间又建了这么一家餐厅呢？谁能天天来山腰上吃饭呢？"我打趣道。

　　"谁说美食不是艺术组成的一部分呢？我刚入行做根雕的时候压力很大的，有很多人都拿着我的艺术作品神情认真又严肃地问我，这是石头吗？曾经听到这种问题，气得我想把这些不懂得艺术的人轰出去，后来日子久了，想着大家又不是专业人士，谁又能了解那么多专业术语，我该担心的是创作，是怎么能让更多人了解根雕艺术。"

　　能够在山间建立这么一家天然根雕艺术餐厅实属难得，我们不止一次地向往着放下眼前的杂事，奔向远方，可回过头又总能找到各种各样的借口而将远方搁浅。

　　直到有一天我们冲破束缚，拎起背包，穿上运动鞋，装了瓶水，骑上自行车向着几十里外的山间骑去。吹着迎面扑来的风，听着山间虫鸟的声音，感受林间不一样的绿色调，虽然车子很重，却有使不完的力气，因为我们想要用自己的力气，到达自己一直心念的远方。

　　坐在山腰上的这家餐厅，俯瞰着山底下的小村落和远方云绕霞笼的高山，回望来时的路，所有的疲惫一扫而空。在杭州的日子里，我一有时间就会来这里坐坐。

　　那一刻，不是逃离，而是回归。

33 个月亮，32 个月亮

"来杭州有没有去看西湖啊？我正好要去城里办点儿事，上车，我拉着你们兜一圈儿。"老板性格直率，盛情难却之下我们系上安全带，听着车上许巍的经典老歌，奔向了另外一个未知又神秘的远方。

杭州这座城市真的很美，三分之一城、三分之一水、三分之一山，闹中取静，远离尘嚣，别有洞天。

美景之所以会成为名胜，最重要的原因应该就是它有太多可以传为佳话的故事吧。

我对于杭州最初的记忆就是西湖断桥的神话传说，那时候有多少人在烟雨蒙蒙中爱上了那位一袭白衣、笑靥如花、心地善良的白娘子，又有多少人为许仙与她的凄美爱情而泪流，不止一次因为法海的"多管闲事"而有一种想立马拿金钵收了他的冲动，又在后面的每一集都期盼着雷峰塔倒的震撼时刻。

后来在新版一元纸币的背面看到了三潭印月，在游船上听到导游介绍，西湖在中秋佳节共有三十三个月亮，三座灯塔每个灯塔上都有五个小孔可以成像，再加上天上的月亮和水中的月亮总共就是三十二个，那最后一个在哪里呢？

当我们所有人都在数着月亮，甚至有的大叔开始研究镜像原理的时候，一个穿着粉红背心，扎着六根小辫子的可爱小女孩甜甜地说出她的答案：

"在宝宝心里啊。"

听到这个回答，大家都不约而同地笑了，没有过多的评价，可我们都清楚这就是最好的回答。

远方，总是一个充满诱惑与向往的词语。

尤其，是我们对于当下生活还充满期待的时候。

生活不止眼前的苟且，太多人幻想着用远方的美好解救眼前的苟且，但实际上，所有的远方都需要我们一步步脚踏实地前行才能够到达，无论走向何方，都应该记得心中的月亮，记得当年怀揣梦想一往直前的我们为何要出发。

　　我有个学弟，本科时他是学校的学生会主席，却在大四时放弃了保研，不声不响地考到了新疆艺术学院学习绘画。在朋友圈，他把宿舍所有能送的"家当"全都送给了朋友们，从此过上了一支画笔、一台相机，浪迹新疆的征程。

　　我问他为什么选择这样生活，他说，他不想在人生中的某一地停留过长时间，他想去更远的远方看一看。"你永远无法想象如童话一般的新疆，金色的枫叶林里落叶如厚厚的毛毯，弥漫的雾气滋养了蘑菇，五彩的湖水静静地睡在那里，无风的日子没有一丝波澜，自由的野马可以在草地上肆意地奔跑，能够用画笔记录这一切是多么幸福的事。"听到这些，我的脑海中犹如出现了一幅画，从他的眼神中，我看到了难以抑制的快乐。

对于远方的探知和寻找是我们与生俱来的本能，在人生的旅行中，当我们的视野越来越广，我们的远方也就越来越远，但只要我们不忘初心，奋力前进，之前的远方就会成为我们脚下的土地，而未来的风景又会让我们满怀期待，奔向未来。

因为，总有一种远方会让我们心驰神往。

**每一次荣光，
都有许多流言
蜚语的过往**

某天晚上，我辗转反侧，被闲言碎语所困扰，心寒而沮丧。

我趴在床上看微信，突然被一条刺眼的评论伤到了。在我刚刚更新的偏远山区公益励志分享会的状态下面，有条评论第一句便写道："你这是到处给小孩子洗脑啊！"

往下看了一眼，评论人竟是我初中的好友。

玫瑰的刺

对于一个刚刚在大操场上手握不太好用的麦克风站着吼了四十五分钟成长故事，又与两千多个蜂拥而上的学生合影、签名，最后驾车行驶四个多小时高速公路才到家的我而言，看到这样的风凉话，就好像一片赤诚的比干丞相被挖心了一样。

我的微信和很多人一样，从不加陌生人，能出现在朋友圈的都是视为朋友的人。看到他的评论我有点儿想哭的感觉，我开始怀疑自己，是不是不应该将这种奉献的喜悦分享出来，难道在别人眼中，这是一种炫耀或是不务正业的表现？

我一度有点儿不敢刷新状态了，生怕哪一条朋友的评论再刺痛我。

没过多久，他又在下面补充了一句："最有钱的人就是玩公益、玩慈善的人。"初中同桌天然掷地有声地回复了那条评论："精神食粮多珍贵。有此同桌，夫复何求？"随后又私信对我说："时光好像一把有魔力的化妆刷，把善良的超凡雕刻得越来越美，坚持做自己永远都没有错。"

我并没有删除那条评论，而是当成锤炼自己的强心剂。在生活的旅程中，我们一直不停地奔跑、奔跑，我们应该比任何人都明白：我们都是向着玫瑰奔跑，可谁又能保证从不被刺痛呢？

在很多人眼中我是个勇于归零的"任性"姑娘，本可以在北京好好念个硕士享受美好的象牙塔时光，可偏偏因为一篇东北优秀人口过度外流导致经济瘫痪的新闻报道而选择回乡创业搞教育。李开复曾在书中写过："创业是一条艰苦卓绝的不归路。"更让很多人大吃一惊的是，与此同时，我还要跨校、跨专业考研，每天都有忙不完的工作。早上八点到单位，经常夜里十点多才准备回家，一天只吃一顿早饭都觉得时间不够用。别人喝下午茶的时候，我在工作；别人秀恩爱的时候，我在读书。

有时候我累瘫在沙发上给老朋友打电话，对方总会碎碎念："张大小姐……看你都快成空中小飞人了，可别把自己逼得太紧了，女生不用太优秀。"

刚回家乡创业的日子里，出现了很多消极的评论和对我选择的质疑，譬如，"你以为你是哪吒可以有三头六臂啊，女生那么拼干吗，终究是要结婚生孩子的！"或"又想考研又想创业，都成你的了，到头来走着瞧吧，张超凡什么也剩不下！"甚至还有人说："准是在北京混不下去了才回来的，要不然就是脑子有病。"有些人会在我的背后如小时候讨论我失去的左臂一样指指点点，甚至将我的选择当成茶余饭后的笑话，觉得我心比天高，做事不着边际。我拒绝了所有的聚会和活动，因为我不想听到这些刺耳的声音。

日子一天天地过，学校的投资如"滚雪球"一般越来越大，设计图纸不接地气被装修公司几乎全盘否定，刚刷好没多久的墙面就因漏水而泡得没有模样，祸不单行，外面刮大风还把定制的大灯笼吹掉了差点儿砸到人，每天往教育局、民政局、消防队、税务局到处跑，累得脊梁骨都疼，我不止一次地希望自己从来都没有开始过，我选择了逃避，因为我真的很害怕，可能我再也没有勇气坚持创业了。

新　生

在最无助、最苦闷的这段时光里，我承受了很多流言蜚语和现实的压力。也就是在这段挣扎的过程中，我对自己说："张超凡，干脆放下那些嘈杂的声音，让一切归零，我们重新开始！"

在创业的浪潮中，我可能不是资质最好，不是能力最强、融资最多，备受瞩目的那个。但是，我知道我自己的方向，每一个选择、每一条路，哪怕风雨兼程，我都愿意披荆斩棘，勇敢向前！

我觉得人生难免会有顺境和逆境、成功和失败，只要我们在人生转折点的时刻，不去听那些外界的闲言碎语，静下心来想想自己当初为什么出发，鼓足勇气继续前行，我们就能够获得新生。

时间见证着我的一点点蜕变。渐渐地，我可以在办学校的同时不断提升自我，可以在处理工作难题的时候淡定从容，可以在加班的时候不忘化个小妆、发个微博，在工作压抑的时候不忘和同事吃一顿美餐进行调节。

我和我的团队犹如战士一般实现了很多超越。有时候忙碌并不是一件坏事，关键看你能从忙碌的生活和工作中学到什么。如果只是把忙碌当成一种负担，那只会让生活变得越来越糟，个人的情绪也会变得越来越坏。

我见过一些姑娘，她们总在说："不要在最美的年纪选择做拼命女汉子，不然最后只会让自己变成憔悴的黄脸婆和刀子嘴。女人一定要对自己好一些，要好好地爱自己。"

我想说的是，女孩子靠自己，不代表一意孤行，而是凭借勇敢、坚持、创新和贵人相助找到自己应该奋斗的方向。与其妄自菲薄地依靠别人改善生活，不如强大自己，用足够的能力和能量去享受生活。

如果空有一颗不想变老的心却懒散得不想去努力充实自我，最后当你的外表支撑不了你浅薄的内心的时候，你会后悔，后悔当初真的没有好好塑造自己，没有创造出完美的人生。

在经营艺术学校的过程中，我曾听到前台崔老师义愤填膺地讲述过这样一段有趣的对话——

崔老师温柔如水地说："家长您好，我们学校暂时还没有开设数学补习，孩子现在高一，如果有兴趣可以尝试一下画画素描，对以后考学也有帮助。"

对方家长特别激烈地回应道："学艺术，以后人都死了画还不值钱呢，我得让我孩子上正儿八经的大学！"随后挂断了电话。

我笑着安慰崔老师说："无论做哪一行，都要用一流的态度，做一流的努力。正是因为有这样的误解，我们才要将最好的教育提供给我们的孩子们，不辜负他们的信赖。"

越是不被看好、不被支持、不被鼓励，反而不放弃、不后悔，坚持做自己。

越是被挑毛病、被批评、被看笑话，我反而勤改善、再努力、更谦卑。

在每一次荣光到来之前，一定有太多狼狈的坚持与努力；在每一阵掌声到来之前，总有太多的唏嘘与嘲讽；欲戴皇冠，必承其重；每一次荣光，都有许多流言蜚语的过往，做自己，就很好。

CHAPTER 4

没有灵动的翅膀，
但可以脚踏实地

窗外阳光再如何晴好，
不去打开，也是枉然。

　　每次"跟自己赛跑"都会让我格
外兴奋，因为我的极限在哪里，连我
自己都搞不清楚。

　　习惯"跟自己赛跑"的人是多半
不安于平庸的任性家伙。他们会有一
些解释不清、说了别人也不懂得的坚
持。这种习惯多是从小养成的，原因不明。

　　可能是个性里的不服输，也可能是天生不肯轻易放过自己。

跟自己赛跑，
比战胜对手
更好玩

我们天生就是战士

中国健儿在里约残奥会上打破五十一项世界纪录完美收官的那一天，我还在因中国残联微信平台推送的夺金消息而热泪盈眶。我的微博如轰炸一般收到了很多粉丝的截屏和私信，其中一条这样写道："超凡女战神，你上央视新闻了你知道不！怎么还不更博，《新闻直播间》正播你呢，我和同事们都感动得不行了。"

放下手机，飞奔到客厅，拿起遥控器，我立马打开电视，一张小时候训练速滑、脸晒得如黑土豆一般的旧照映入眼帘，第一反应就是："哟，这小子真帅！"瞬间特别想感谢时光让我现在变得如此文艺而美丽。这期新闻的标题是我所有媒体报道中个人认为最幽默、最接地气的——《从"菜包"到"超凡"》，讲述了一个成绩差又自卑的丑小鸭，在一次次的选择与机会面前不断战胜自我、超越平凡的奋斗历程。

对于竞技体育，我始终坚信：在真正的比赛中，冠军永远跑在掌声之前。只有冠军冲破了线，掌声才会响起，之前伴随自己的只有汗水的滴落和坚持的寂寞。而这种寂寞，最终会打开胜利的辉煌。正如火遍大江南北的傅园慧所言："我已经使出了洪荒之力了，我很满意！"此时，挑战未知的自己，变得其乐无穷。

2015年我凭借一档大型益智类答题节目而走红于网络，我也因为这期名为"独臂女神演绎古典气质挑战全场"的比赛而被贴上了"维纳斯女战神"的标签。很多人都会觉得这个女孩做得还不错，有点儿倔强、有点儿张扬、勇气十足、笑起来的样子还挺温暖，信奉"想要就去争取，我们天生就是战士"。

很多人肯定会很好奇，张超凡，你到底哪来的勇气，能够站在知识的战场，穿着战服，任左手的空袖子在风中飘扬，十足女侠气质，高举右手喊出正确答案，坚定执着地以一己之力横扫全场，加冕战神称号？当初主持人一再问你是否要继续调整，你连想都不想就说"冲"，难道就没想过退缩和放弃吗？对，说实话，我骨子里还真的有很多跟女战士相似的地方，有那种天不怕、地不怕，即使跌倒，姿势依旧豪迈的劲儿。

可就在两年前，有段时间，我陷入了巨大的自我怀疑当中。大家都可能会觉得我从一个"折翼天使"到如今成为两所艺术教育培训学校的校长也算是超凡脱俗了，但是我心里非常明白，如果在这二十四年的生活中没有爸妈无悔的倾力支持，就不会有大家现在看到的这个勇往直前的"90后"最美校长了。

不放过你的，是你自己

我从小就向往远方，爸爸越是想把我呵护在身边，我心里的这份愿望就越是强烈。可当他知道我执意要去北京求学时，他却帮着我安慰不舍的妈妈，意味深长地说了句："咱们姑娘，值得拥有最好的。"爸爸的眼神，我常常不敢直视，如果说强悍的镇压会让人反抗，他这种信任的祝福反而会让我内心有一丝愧疚。

当初，我从重点高中理科实验班选择去艺考，一度被老师们认为是自我放弃、不思进取的"坏学生"，因为在老师固有的思维中，只有学习不好、走投无路的学生才会选择艺考。可绘画是我由衷热爱的事，每当拿起笔准备画画时，我总能感到兴奋，就好像一段感情陷入热恋，让人充满美好的期待，但往往没过多久，就又会遇到"瓶颈"。有时候本以为是神来之笔，灵感乍现，没想到最后却成为败笔，我为了画画放弃了那么多，真的值得吗？

陷入低谷的时候，很多人第一反应就是放弃，例如画得不好就撕掉重画；工作不顺利，就想着大不了不干了。一个人在顺境时春风得意马蹄疾不难，可在困境时依旧愿意抬头向上看，不错失拥抱阳光的机会才难能可贵，因为超越自己，永远是最重要的。

十八岁那年，我一个人抱着仗剑走天涯的闯劲来到北京这座包容的城市，不到两年时间，首都大学生诚信楷模、"最美北京人"、北京市三好学生、国家奖学金得主的荣誉接踵而至，这些光环虽谈不上给我带来多少荣耀感，但至少证明我做得不比正常人差。

可爸爸从来不会问我考试成绩怎么样，这些仿佛对于他而言都是一个附加值。他总会在电话的另一头告诉我说："姑娘，你就往前冲，只要你做得比昨天的自己好咱就赢了，你是老爸举过头顶的骄傲！"

老爸的话刻在了我的心里，当有人问我为什么叫超凡时，我不会回答"因为超凡，所以脱俗"，而是会热情灿烂地说："超越自我。"

漫长人生里，我们常以为是跟别人在竞争，但后来我们会慢慢懂得，一直跑在前头、一直不放过我们的，其实是自己。

跟自己赛跑的过程中，肯定也会遇到流言蜚语和寒风冷雨，风雨过后不一定会见彩虹，也许还会遇到更猛烈的强风暴雨。

这是磨难，更是超越自我、挑战极限的最好机会。

平庸的人是不会被当成箭靶的，必定是因为你有了些小小成就，必定是因为你的努力被肯定了，才引来漫天乱飞的"暗箭"。

就像是后羿射日，要不是你足够刺眼，他不会想费力拉弓。

面对困境和磨炼，张开手，睁开眼，放开心，微笑热情地拥抱未来，迎接每一个未知与可能。人生的惊喜，就在于超越了未知的自己，因为跟自己赛跑，比战胜对手更好玩。

没有谁天生就是坚强的，我也一样。

自信水流东，花开半夏

滑旱冰

曾经，于我而言，灿烂的笑容，不过是伤痛之后孤独而倔强的欲盖弥彰。

直到那一天，妈妈告诉我："生当如夏花，花开仅半夏，却灿烂了四季。"

那时候，我似乎懂了，又似乎什么都没明白。只知道，妈妈的眼里有忧伤；只知道，妈妈的笑容并不真的那般明媚；就仿佛，在老师与同学面前，我总是佯装坚强。

事实上，和许多同龄的女孩一样，我心中也有对水晶鞋、南瓜车的向往，我也曾希望如易碎的琉璃一般被永远捧在掌心。

但我知道，那不能，因为，我原就与众不同，因为，我把自己的左臂遗忘在了天堂。

"凡凡，你和其他孩子一样。"妈妈、爸爸、爷爷、奶奶都曾这样告诉我。

起初，我信了，但上幼儿园的时候，耳畔常常响起的嘘声，小朋友鄙弃、异样的眼神，老师额外的关照与怜悯，让我明白，我和别人不一样！

为此，不知道多少次，我偷偷一个人躲在被窝里哭，但除了黑眼圈，哭泣没给我的生活带来任何改变。

于是，我不再哭。

时间的轮盘不知不觉间就将春夏秋冬流转，借了"小猴子"的光，战战兢兢地从自我的小世界中迈步而出的我终于懂得了阳光的味道，却也再一次意识到了阴影的存在，意识到了自己的"与众不同"。

那个周末，我和丹丹一起去公园玩，恰好看到了一群在滑旱冰的少年。

其中一个是丹丹的哥哥立夏。

"哥哥，教我，我也要玩儿！"丹丹嘟着嘴撒娇，然后很义气地抱住我的胳膊，"还有凡凡！"

"教你没问题，她……"立夏整张脸都揪了起来，显得很为难，"不好吧，会受伤的。"

"我没问题！"

我坚持，声音朗朗！但穿上旱冰鞋之后，我知道自己错了，我站不住，平衡感也很差，站在原地都会摔跤。

看着很快就进入状态的丹丹，看着自己空空的袖管，我终于知道，自己真的和别人不一样。

我没有左手，无法像其他人那样，用双手来保持平衡。单靠右手，想要保持平衡，实在是太难了！

那天，回家之后，我大哭一场，甚至，小小的心眼里，有些恨爸爸妈妈，我想问他们，为什么骗我？明明，我就是不同的！

第二天，早餐的时候，我忍不住问了，妈妈还是那么说："凡凡，你和其他孩子一样。"

我不信！

于是，妈妈拉着我来到旱冰场，一遍遍地给我示范滑冰的动作，教我怎样站立、怎样走步、怎样保持平衡、怎样滑动……夕阳西下的时候，满头大汗的我终于可以穿着旱冰鞋稳稳地站住了。

"看，妈妈没骗你吧，凡凡，你和其他孩子一样，做不到，只是因为还不够努力。记得，生当如夏花，虽花开仅半夏，却灿烂了四季。"妈妈摸着我的脑袋笑，"这是你姥姥当年告诉妈妈的，今天，妈妈也要这样告诉你，记住哦。"

我重重地点头，那一刻，我知道，自己真的和其他孩子一样，唯一不一样的是，我把左手忘在了天堂。

"洪荒少女"

我参加"共青团中央全国向上向善好青年"活动时，与"洪荒少女"傅园慧邂逅。在一起同吃同住的日子里，我们几人组成了"黄金天团"，吴敏霞是天团团长，爱吃火锅的慧慧自称"大王"，她的阳光、开朗、随性，深深地感染了我。

从这个比我小四岁的女孩身上，我看到了另一种坚强与自信。

这种自信，我也有，只是，不若她那般纯粹与烂漫。

在她身上，我看到了自己的影子，也看到了自己未来的方向。

傅园慧有哮喘病，从小身体就不好，五岁时被父亲送入游泳队，与陈经纶教练学游泳，初衷不过是强身健体。但有的时候，命运就是如此奇异，"有心栽花花不开，无心插柳柳成荫"，阴差阳错之下，一个最开始根本无意于走职业道路的女孩却成了游泳赛场上的天之骄女。

从2011年世锦赛夺银，到2016年奥运会摘铜，傅园慧用汗水书写了传奇。但于我而言，她的身上最令人向往的，还是那纤尘不染的阳光和坦然而爽朗的自信。

七城会上，她不顾非议，每场必要戴着心爱的布老虎帽子出场。

里约奥运会摘铜牌之后，又"神力"满满地接受采访，化身"行走的表情包"，言谈举止间，那种神采飞扬的自信委实令人向往。

自从"洪荒之力"火了之后，她的粉丝也多了，每次有人认出她，都会先倒吸一口凉气，可能想不出她的名字，但所有人都知道她是"洪荒少女"。对于身上不同的标签，她说自己不会演绎，无论是在舞台上还是在生活里，无论有多少标签，都要做自己，开心就好。

对"大王"，我内心虽仍有一丝丝的小羡慕，但我却不嫉妒，因为，我也找到了属于自己的阳光。

我的成长之路并不顺利。或者说，可以称之为坎坷。草创之初，我一个人设计装修图纸，四处招募教师，多方组建团队，到处募集资金。为了获得办学手续，工商局、税务局，我不知道跑了多少趟。

说实话，有的时候，真的觉得很累，但却不愿意放弃。

"瞧瞧某某，人家那么困难都没放弃，你为什么要放弃？"不知道多少次，不知道多少"大神"，化身"别人家的孩子"被我用来自我激励。

痛过、伤过，最后，却仍走了过来。

因为，始终记得，"自己和别的孩子一样"，始终记得"花开半夏，绚烂四季"。

一如当年的大道速滑。

小学的时候，我参加了长春市速滑队，入队的时间，就是在那次公园旱冰"试练"后不久。

每天五千米长跑，两百个仰卧起坐，八小时高强度冰上练习，日复一日，说实话，真的很累、很累。

但，我想，别人能够做到的，我也能做到，因为我和别人没什么不同，并且，私下里，我还有一点小小的期望，多努力一点，做得比别人好一点。

事实证明，只要你肯努力，只要你相信自己，岁月从不会将你的汗水辜负，那一年，在吉林省速滑大赛少儿组八百米的比赛中，我一举夺冠。

当我站在领奖台上，看着那些因我空空的左袖而备感诧异的表情时，我的心中，突然就有了一丝窃喜、一丝骄傲。

当时在场的队友之后对我说，那一刻，我的笑容明媚如阳光。

如阳光吗？其实我更觉得，自己本身就是阳光，温温的、暖暖的、淡淡的。

自信水流东，花开半夏，人这一辈子，更多时候，活的不过是一份心态，一种坚持。

当你认为自己与别人不一样时，你失去的是别人眼中的风景；当你觉得自己做不到时，不是因为你真的做不到，而是因为你不相信自己能做到。

很喜欢傅园慧的一句话：

"我的成长速度在我的控制中，我不是真的幼稚，我只是喜欢那种单纯简单的感觉，我希望一辈子都能这样。"

于我而言，一辈子的追求，自不是单纯简单，我想要的是一生的阳光灿烂，一世的超凡脱俗。

为此，我愿拼尽所有的洪荒之力，毫无保留！

每一个人，都是独一无二的；所有的人，又都是一样的；区别在于，心之所向。

相信自己，世界就是晴空。

人生的旅途注定不是说走就走的任性，但在旅途中，只要我们想，就可以"任性"地将美好、阳光、自信攫取，只要我们给自己一份信任，只要我们愿意去努力。

自信水流东，花开半夏。绚烂了四季的，不是阳光，而是清浅而温暖的笑容，不是吗？

失意的时候、困窘的时候，很多人都慨叹造化弄人，都怨愤上天不公，但事实上，所有的人，无论是谁，无论出身、背景、受教育程度、性格等方面有着怎样的差异，从某种程度上来说，都站在同一条起跑线上。

**另一扇窗外，
阳光满满**

"瞎折腾"

上帝为每一个人都准备了一座城堡，城堡中有很多扇门，有无数扇窗，但绝大多数人，终其一生，却只推开了其中的一扇门、一扇窗，门里门外、窗里窗外，风景一成不变。

出生、上学、毕业、工作、结婚、生孩子，看着孩子出生、上幼儿园……安安稳稳、平平淡淡地过了半辈子，从没想过去打怪、去升级、去扫荡副本，更没想过去推开另一扇门、另一扇窗。

因为害怕挫折，害怕失败，害怕落后，害怕被嘲笑，害怕面对狂风暴雨，害怕入眼的是雷鸣电闪……尤其是，在第一扇窗外，看到满目凋零、阴云密布的人，更是如此，但也许，另一扇窗外，等待你的其实是阳光满满。

许多人失意、潦倒，不是活的方式不正确，也不是打开人生的方式不对，而是因为不愿意去尝试，不敢去发现，不曾去挖掘自己身上的无数可能。

窗外阳光再如何晴好，不去打开，也是枉然。

我不知道自己的人生打开的方式对不对，但话又说回来，什么是对，什么是错，对了如何，错了又如何，生活这种事，原就没有对错，一千个人一千种活法，只要自己觉得好，觉得快乐，那就是好的。

我得承认，我并不是个安分守己的女生，人艰不拆的处境经历过很多次，但仍旧喜欢"瞎折腾"。

小学的时候，我坚持练速滑，喜欢在飞驰中感受风的味道，为的不过是证明我可以做得像大家一样好。

稍微大一点儿，我又迷上了游泳，迷上了水带给我的那种冷静和从容，便带着一股子不撞南墙不回头、撞了南墙也不回头的拧巴劲儿成了游泳队的队长。即使从未尝试过的2.4米深水区，我也敢第一个跳进去，溅起水花的那一刻，我听见了队友们的掌声和呐喊。

游泳事业取得阶段性胜利之后，我又开始痴迷围棋，只要一有时间，就疯魔般地抱着棋谱钻研。

高中时候，身为理科实验班唯一的女班长，我一意孤行要以特长生的身份参加考试，报美术专业，把班主任气得吹胡子瞪眼。

上了大学，我还是整天东跑西颠的，怀着一腔热血去42度高温的大石窝山区支教，去敬老院做了四年义工，做过三百元一小时的"最贵"家教，也自己开过小店，还组织过央视春晚观众。

之后，拧巴劲儿上来了，我又风风火火折腾着创业，办书画院，开培训学校，在团委的帮助下，创建超凡公益梦想基金，帮助山区有艺术梦想的孩子完成自己的学业。一年365天，没有一天是消停的。

老爸常说，我活得实在是"太任性"，但"任性"一点儿，其实也没什么不好。看老爸眼里满满的笑容，我就知道，我的各种"作"，各种"折腾"，他都是支持的。

趁着年轻，多折腾几回，拼一拼、搏一搏，"作"几次，真的不是什么坏事。

记得，为艺凡跑手续那会儿，有一次在教育局，一位已经修改了多次材料的大妈一脸质疑地问我："你真的要办学校？你一个人？你小姑娘家家的操这心干啥？瞧瞧我，腿都要跑断了，也没办成，这行不容易！"

大妈的话有些直白，但却没什么恶意。看着她，我笑了，我说："没试过，怎么知道办不成，您说呢？"

那个时候，我心里的确是这么想的。

没试过，怎么就断定自己不行呢？

那扇门，那扇窗

我有一个远房表姐，学的是英语专业，课余时间还选修了德语，笔杆子很硬，但口语说得不太好，尤其是说德语的时候，腔调总是有些怪，还总是磕磕巴巴的。鉴于此，毕业之后，她去了一家国企上班，一直埋头于各种文字资料。

上个月，单位的德语翻译得了肺炎，高烧不退，住院了。不巧的是，公司来了个德国考察团，时间很紧，再去外面找翻译已经来不及了，死马当活马医，领导就找了表姐临时充当翻译。那个时候，表姐毕业已经四年了，四年时间，她一句德语都没说过。

临危受命，表姐有些慌，一个劲儿地说自己不行，接待考察团的时候，也很紧张，但真的进入工作状态之后，才发现，德语交流也不是那么难。

事后，表姐受到了领导表扬，升职加薪。一次小聚，她笑着说："本来以为自己不行，原来真的行。"

每个人，一生中都会面对无数的选择，面对各种各样的境况，有的人成功了，有的人失败了，有的人惊才绝艳，有的人碌碌无为，但很多时候，庸碌的人并不是真的庸碌，只是不敢也不愿为自己打开另一扇窗。

不曾试过，怎么知道不可能？不曾探索，怎么知道自己的潜力？

很多时候，我们缺少的其实仅仅是走过去，推开另一扇窗的勇气。

人们常说，出路、出路，什么是出路，走出去才是路，伸出手，推开窗，才能看到窗外的另一番风景。

固执地坚持"安稳"，坚守着"那扇门，那扇窗"，视之为唯一，视城堡中的其他门窗如无物，却又任性地慨叹上苍不公，这岂不是一种滑稽？

年前，在学校的一次家长会上，我看到了一个熟人，姓赵，是我同学的哥哥。他没上过什么学，初中毕业之后就走入社会，当了快递员。

现在，年近不惑的他却成了一家饭店的老板。问起时，才知道，他当了八年的快递员，也没干出什么名堂，后来一咬牙，跳了槽，去长春一家厨师专修学校学了三个月，不料就混出了名堂，在一家二星级饭店当了三年主厨之后，自己开了家小饭店，因为饭菜味道好，生意十分红火。

谈及当年，他不胜唏嘘："我是真没想到，自己在做菜方面还有点儿天赋。"

是啊，没想到，你、我、他，我们许多人，蓦然回首之时，有多少次曾慨叹没想到。

是没想到，还是不曾给自己机会，不曾尝试、不曾探索，不曾将人生的种种可能发掘？

当你抬头仰望远方的风景，便忽略了自身的美好；当你为了生命的不公而抑郁难平，你便错过了给自己一份公平的机会。

别轻易说不可能，不曾试过，你就没有否定的资格，哪怕被否定的那个人，是你自己。

这扇窗外是狂风暴雨，并不代表另一扇窗外是电闪雷鸣，勇敢一点，多给自己一些机会，趁着年轻，尽情折腾吧。

多折腾几次，多尝试几回，你就会发现，另一扇窗外，阳光满满。

久别重逢，本就是一种幸福，再次相见时，她还是曾经的那个她，这种幸福就变得越发浓厚与纯粹。

因为喜欢，
所以欢喜

"靖哥哥"

上周二，不知道为什么，突然有些抑郁，不管做什么都不在状态，下班之后，我鬼使神差地就去了附近的一家音乐餐厅。

熟悉我的人都知道，平日里我特别安静，很少言语，不喜欢喧闹，有空的时候，总会一个人安安静静地读会儿书，不拘是什么书，黑格尔、尼采、叔本华的哲学著作我读，亚当·斯密的《国富论》我读，金庸先生的《射雕英雄传》我也读，少年时代，甚至不止一次幻想过自己就是"靖哥哥"身边那个钟灵毓秀、七窍玲珑的黄蓉。

而我的"靖哥哥"，就是冯璇。

和冯璇初识，是高一那年，暑假的时候，我报名参加了一个素描超写实培训班，当时冯璇是我的同桌。

不同于喜欢安静的我，冯璇很爱热闹，粗线条，大大咧咧的，一天二十四小时都自动开启着女汉子模式，朝气十足，最喜欢朋友叫她"璇哥"。我也不知道，性格迥异的我与她怎么就成了好朋友，现在想来，或许是因为，真的很喜欢她身上阳光满满的味道吧。

培训班结课之后，我与冯璇便再也不曾见过，也断了联系，不是不想，只因为联系不上。

"我没有手机，不上QQ，不聊微信。"记得当时班上有不少人都向她要过联系方式，她给出的答案千篇一律。对我，也一样。说实话，那个时候，我是有些生气的，总觉得她没有真正把我当闺蜜，而且，这种拒绝方式也太拙劣了，所以，结课那天，当她颇有江湖气地挥手说"再见"时，我保持了沉默。

或许，我的沉默真的伤害了她吧，所以，此后的七年，都不曾再见；所以，再见之时，她的第一句话就是："小凡子，当年哥可是被你伤透了心，怎么着你也得给哥点儿精神损失费。嗯，看在你是我'好兄弟'的分上，算你便宜点儿，请我吃顿炸酱面好了。"说这话的时候，冯璇脸上依旧阳光满满，而我却备觉伤感。

冯璇的素描画画得非常好，尤其是她的头像，不止一次被导师盛赞过，多少年了，我一直以为再见会是在某个画展上，却没想到……

她在这家KTV做驻唱歌手已经有三年了。

"璇哥，为什么要放弃呢？我……"

"我喜欢唱歌，真的！"

看着她的眼神，看着她脸上熠熠的光辉，我知道，她说的是真心话。

那之后，我们聊了很久，我才知道，当年，冯璇真的没撒谎，她是真的没有手机。她是单亲家庭，早逝的父亲是位不得志的画家，母亲深爱着父亲，一直以来都希望冯璇能女承父业，所以，虽然经济窘迫，却还是咬着牙送冯璇来学画画，冯璇也不负众望，成绩很出色，但她本人其实并不喜欢画画。

"高考落榜之后，我去了深圳，那几年过得真的很落魄，说实话，你别笑话我，长这么大，我第一次去K歌，还是工作半年之后的一次同事聚会，那一次，我被赶鸭子上架，上去唱了一首《童年》，那时候，我才知道，自己喜欢的其实是唱歌。"

"知道自己喜欢了，就去做！"

"因为喜欢，所以欢喜啊，人这一辈子，能找到自己想做、喜欢做的事情，本就是一种幸运，为什么不珍惜呢？"

璇哥如是说，这句话，也让我感触颇深。

传奇哥哥

现实生活中，有许多人，虽然一直如陀螺般忙碌，但直到鬓发苍苍时，却始终都在做自己应当做的事情，而不是在做自己想要做的事情，个中原因有许多，但不管原因是什么，却总不免令人唏嘘。

"你喜欢什么？你做了吗？"当被这样问及时，或许，很多人都会无言以对吧。

说到这里，我突然想到了一个人——传奇哥哥。

传奇哥哥是我的偶像。大家经常把我俩放一起，戏称"传奇归来，超凡脱俗"，在我开画室的道路上，传奇哥哥给了我很多帮助。

2006年他以总分350分的成绩，考取中央美术学院造型专业的全国第一名。2007年，他创办了自己的传奇画室，几年工夫赚了上千万元，但这时，他突然觉得创业缺少自由，于是便骑着摩托车到处旅行，跑遍大半个中国，去寻找自己人生的意义。有一天，他终于顿悟，人生如果变成赚钱机器，就太没有意义了，于是决然关了画室，创办了传奇公益基金，并在山区创办了点点希望小学。很多次我去见他，他都在山区戴着红领巾教孩子画画。

很多人不理解他的行为。但他说，那是他喜欢的事情，每次看到这些和他小时候一样的孩子，能和他一样拿起画笔绘制梦想时，他就很自豪。

传奇哥哥儿时家里并不富裕，母亲卖了水果摊，让他画画。他十分感激自己的母亲，他说，母亲让他懂得了："学习的目的不是摆脱贫困，而是回归到最开始的地方，去帮助更多人走出贫困。"

想想自己学画这么多年，真的是发自内心的喜欢，这些年陪伴自己时间最久的除了自己的影子，大概便是画笔了。

记得初二时，因为叛逆，我还曾经有两个月的时间不曾碰画笔。本以为自己会开心，但不画画的日子，心里却总有些说不出的空虚，仿佛人生的拼图有一角被割去，变得残缺不全，整个人都软绵绵的。再次拿起画笔时，一颗心才算有了着落。

因为喜欢，所以欢喜，大概就是这样吧。

想想自己，想想冯璇，想想传奇哥哥，蓦地，才发现，自己其实真的很幸福、很幸运。

一千个人有一千种不同的人生，人生如画，或写意，或泼墨，或素描，或简笔，或清雅，或素淡，或锋利，或浓墨重彩，不一而足，但无论是谁，人生都只能向前，无法退后，画在纸上的线条无法被擦去。所以，如果你幸运地找到了自己的"喜欢"，不要瞻前顾后，不要犹疑不决，拼一把吧，如是，才能真的"欢喜"。

别指责我站着说话不腰疼，我是真的这么想的。

人这一辈子，几十年的光阴，看上去挺长，但其实真的很短，在生命结束之前，找到自己的喜欢，原本就是一种造化，若不珍惜这种造化，岂不是愧对上苍的善意。

　　"小凡子,加油! 再见! "那天,璇哥走得依旧很潇洒,挥手的样子仍旧带着江湖气,一如往昔。

　　"明天见! "我这样说。

　　第二天,我的确又去了那家音乐餐厅,带着签名簿。璇哥笑骂我太矫情,但其实,她不知道,无论她以后活得如何,无论她会不会成为大明星,在我眼中,她都是明星,只因她坚持了自己的"喜欢",只因她脸上欢喜的笑容。

去年冬天，我生了一场病，很普通的感冒，前前后后折腾了两个多星期，才稍见好转。妈妈心疼得眼圈红了不知道多少次，于是，病好之后，我痛定思痛，决定健身。我在健身俱乐部办了张年卡，还请了私人教练，健身事宜也算准备就绪。

毫不费力，是因为足够努力

光鲜的金牌教练

教练姓张，是个"80后"美女，身材袅娜，容颜娇美，人也很和气，就是有一点，时间观念特别强，非常讨厌迟到的人。作为俱乐部的金牌教练，她的人气很高，教练课程也安排得很满，而我每天一小时的塑形课，被安排在了每天早晨五点到六点。

俱乐部距离我家不算远，可也不近，开车要二十分钟，即便是省略掉化妆的时间，要想不迟到，我每天也得四点起床。

凌晨四点，哪怕是白昼最长的盛夏，天也不过才蒙蒙亮，冬天的时候，更是黑得不见五指，而且，那段时间，还特别冷。所以，即便是定了闹铃，每天起床对我来说也是一件相当困难的事情。

有一次，因为实在受不了，我多睡了一小会儿，到俱乐部便迟到了十分钟。

那天，上课的时候，教练并没有说什么，脸上也看不出什么异样的表情，甚至因为体贴我迟到，还专门为我延长了十分钟的课时。但下课之后，她却板着脸对我说，下不为例，再迟到就另请高明。

我当时就气懵了，又尴尬又恼怒，脸色一阵青一阵白，对她的"踱"也备感不忿。

但不忿归不忿，那之后，不管天气多恶劣、被窝多温暖，我都没有再赖过床，为的就是不再看她那张冷脸。并且，我得承认，内心里还是有些孩子气的，多多少少，也是在和教练怄气。

半个月的课程结束，我没再请教练，与她自然也就分道扬镳。那之后，虽然偶尔也会在俱乐部见面，但她来去匆匆，我还"记着仇"，见了面，也就只是淡淡地打个招呼而已。

直到那一天，在俱乐部蹬了一小时自行车的我，和一起锻炼的一个朋友去喝下午茶，聊天的时候偶然聊起了她。

"你说的是张晴吧？我认识，蛮拼的一个人，活得不容易！"

"她有什么不容易的？每天来上上课，轻轻松松，就能月入十多万元。"朋友的话让我感到有些不舒服，忙反驳。

"你不知道吗？她一天要上十节课，每天都忙到很晚，上上个周末，我陪儿子去看球赛，晚上十二点了才回家，路过俱乐部的时候正好看到她，她才刚下班。说是有一位学员时间上调不开，晚上专门要求加的课。"

上上个周末，这个时间让我有些发愣，因为我迟到的那一天就是上周一。

"凡凡，我说了你别不信，我有个姐妹，也是张晴的学生，每天早上六点半到七点半，跟她学瑜伽。"

"遇到她的第二天，我问过我朋友，她上课的时候眼圈都是黑的，但上课时精神头却很足。说实话，要是我，肯定坚持不下去。"

朋友仍在滔滔不绝，我心里却五味杂陈，晚上十二点下班，回到家几点？我是五点的课，我得四点起床，比我住得更远、比我到得更早的教练又什么时候起床？而且，六点半她还有课，却因为我迟到而给我补了十分钟。

那一刻，我真有点儿无地自容。是啊，作为金牌教练，表面上看，她的生活的确是优渥的、光鲜的，但谁又知道，这份光鲜的背后，她付出了多少？！

台上一分钟，台下十年功

再见张晴时，我很诚恳地对她说了"对不起"，她笑笑，没说话，我却感觉很安心。

从那之后，直到今天，我一直都保持着早起的习惯，虽然不是凌晨四点，但也从没有晚于六点。每次，我想要赖床时，都会想起张晴，我的教练，我生命中，某种程度上的另一位导师。

塑形课已经不上了，健身却每日不辍，每天，我都会抽一个小时锻炼，不拘是在家里，还是在俱乐部，也不拘慢跑、瑜伽抑或蹬自行车。

很多时候，我在俱乐部里都会有"奇遇"，邂逅几个小名人，模特、演员、企业家，不一而足。和某知名美女主持人相遇更不止一次。每次，看到她在跑步机上一奋斗就是两个小时，来来回回几次换毛巾，我就觉得挺感慨，人呢，哪有随随便便就成功的，那些在我们看来卓越的、出色的、成功的、游刃有余的人，在游刃有余的背后，隐藏的却是无数的汗水与努力。

所以，不成功，真的不是因为别的，只因为你还不够认真、不够努力。

四月的时候，我参加了《开讲啦》的录制，作为优秀青年代表，坐在台下，看着台上嘉宾的演讲，希望自己有一天也能在这样的舞台上去讲自己的梦想。下了节目，我和妈妈说了我的想法，妈妈鼓励我说："上节目的都是各行各业的代表，你还差得远呢，但是很多事，你只要想就能实现。"

于是我心里就有了一个这样的愿望。

半年后，我正巧去上海参加"共青团中央全国向上向善好青年"节目的录制。同行的除了傅园慧和吴敏霞，还有《中国达人秀》全国总冠军卓君、全国首届道德模范杨怀保以及中美《福布斯》排行榜创业典型刘自鸿。

在化妆间彩排的时候，我就感觉舞台特别熟悉，突然，我看到化妆间边上有个《开讲啦》的标志，就好奇地问导演，这儿怎么有《开讲啦》的牌子？导演说，这里原本就是《开讲啦》在上海录制的舞台。

那一刻，我特别开心，虽然没有真正站在《开讲啦》的节目舞台上，但感觉离自己的愿望又近了一步。做节目、参加活动或上班时，我常常听到有人抱怨自己生得不好，抱怨这是一个拼爹的时代，也的确是这样，生得好，获得的资源确实更好，人生的起点也更高，但也仅仅如此罢了，综观整个成功者的圈子，也没有哪一个是真的拼爹拼出来的。

环境好、出身好是优势，但能不能把优势转化为资源、转化成持续的益处，却还要靠自己。

马云、马化腾、刘强东、任正非、董明珠、俞敏洪，等等，谁的成功是轻易得来的？谁的成功背后没有付出？没有努力？没有自律自强？没有坚持？没有毅力？

老一辈人常把"台上一分钟，台下十年功"挂在嘴边。

这句话确实言简意赅，一针见血。

谁的成功都不容易，谁的从容也不是天生的。

虽然一分付出不一定会有一分收获，但不付出、不努力，却肯定没有收获。

再一次走进健身房，看着跑步机上清零的数字，看着身边挥汗如雨的人，我突然想起不久前读的一篇文章。

文章的作者是一位健身教练兼摄影师，他用30年的时间跟踪拍摄了10个健身俱乐部的会员。

30年前，10个人的BMI（体重指数）都是最理想的22。

30年后，其中6个有了啤酒肚，两个骨瘦如柴，只有两个体形与身材没有太大变化，体重指数还在22左右。而这两个人，恰恰就是10个人中"混"得最好的，也是10个人中一直都在坚持锻炼的。

或许，成功与否与BMI无关，但却实实在在地与努力、与坚持有关。在绝大多数人眼中，健身只是细节，能在细节上如是付出，更不要说其他了。

云卷云舒，花开花落，人这一辈子，波澜起伏，要经历的太多，或美好，或不美好，或艳阳，或冰霜，但不管何时，你可以羡慕别人的光鲜亮丽，可以羡慕别人的光芒万丈，却不能嫉妒别人的毫不费力，因为，每一份毫不费力的背后，都是足够努力！

最美好的时光，
永远在当下

"每个人都会有缺陷，就像被上帝咬过的苹果，有的人缺陷比较大，正是因为上帝特别喜欢他的芬芳。"

这是《战争与和平》中的一句话，我很喜欢。

明天会如何？

因为在出生的时候，就将自己的左手遗忘，所以，我总觉得，相比于其他人，上帝对我更加钟爱，于是，不想将这份得天独厚的钟爱辜负的我，一直都在努力让自己活得更好。

没时间去感叹朝花夕拾，也没时间去惋惜岁月易老，因为我知道，最美好的时光，永远在当下。

昨天在微博中与粉丝互动，一位情绪有些崩溃的粉丝一次又一次地对我说：

"凡凡，我真后悔，要是当年我也去学画画多好。"

"晚了！一切都晚了！悔不当初啊！"

"要是时光可以倒流多好！要是我的人生也能回挡多好！"

"唉，我这辈子也就这样了！"

时光自然不会倒流，人生也永远无法回挡，能改变的，唯有人的心。

　　我不太会安慰人，只好一遍遍地对他说："珍惜当下，向前看。"劝着劝着自己都感觉有些别扭，但我是真的想告诉他，不要总把目光留驻在过去，当下，永远都是最美好的时光。

　　无论是谁，都无法让时光多停留一分一秒，多走一天一月，流逝的终归已经流逝，想留住的没有留住就是没有留住。对时光而言，悔不当初这样的注解没有任何意义。沉湎过去不过是一种怯懦，而怯懦的后果，无非就是生命中所有的最美好都如易冷的烟花般零落。

　　我们没有能力改变过去，却能够决定未来，明天会如何，全看今天怎么过。

　　所以，珍惜当下，就够了。

　　姜尚姜子牙，少年家贫，中年碌碌，卖过酒、屠过牛，穷困潦倒，及至晚年，却雄姿英发，辅佐周武王开拓了西周万里江山；唐代陈子昂，年十八未知书，一朝慨然立志，发愤图强，数年时间两次落第，却凭借一首《登幽州台歌》名传千古。谁能说，他们的人生不美好呢？

"美好"来敲门

　　人生最美好的时光是什么时候？很多人曾经问过我。

青春少年时？懵懂看花季？中年而立时？

说实话，我也不知道。

在我看来，"美好"这个概念，从来都是因人而异的。

世界上没有完全相同的两片叶子，更没有完全相同的两个人。人和人的出生环境不同，受教育程度不同，思想不同，性格不同，人生经历也不同，没有人可以复制别人的人生，也没有人可以替别人选择美好。

所以，对不同的人而言，人生最美好的时光也是不同的。

姜尚最美好的时光是晚年，陈子昂最美好的时光是中青年。你呢？我呢？他呢？

有人说，不到人生停摆的那一刹那，没有谁知道一生中最美好的时光是什么时候。这话乍一听很有道理，但其实却荒谬至极。

美好什么的，不是时光赋予你的，而是你赋予时光的。时光是因你而美好，若你自己不去奋发，不去努力，不去认真地编织美好，美好永远都不会自己找上你。

姜尚大器晚成，是因为他自己努力了，他自己奋发了，日子再穷再苦，他也不曾忘记研究治国兴邦之策；陈子昂呢？他十八岁之前不通诗书，或者说得直白些，大字都认不得一箩筐，用现在的话来说就是十八岁了还没有小学毕业，但他却知耻而后勇，十八岁之后闭门谢客，刻苦读书，用六年的时间就成了"研究生"。

如果没有自身的努力，只是明日复明日地等待"美好"时光的到来，那么不用问，美好一辈子都不会来。

岁月虽易老，但"老"却不是退却和不努力的理由，只要想让生命绽放光彩，无论是生命中的任何时段都是最美好的时光。成功和幸福追寻的是努力的脚步而不是时光的车辙。时间的沙漏到底漏掉了多少沙子和一个人能不能成功、会不会成功其实一点儿关系都没有。

说句很不好听的实话，每年，学画画的孩子一批又一批，但真正有些成就的却很少。

半途而废的不知有多少。

在这方面，我想，我是有发言权的。

这倒不是因为我自矜于自己的一点点成绩，而是因为，我曾努力过，所有学画的孩子所经历的心路历程，大多我也经历过。

或许，在很多人眼中，学画画、练体育……这些，不过就是成绩不太好的孩子为了上大学而选择的一条终南捷径，这其中，多多少少，都带着些投机取巧的味道。

但我得说，很郑重地说，事实并不是这样。相比于稳稳当当地学习文化课，学习特长课其实也很辛苦、很累。

录《开讲啦》五一特别节目，有件事让我记忆深刻。在与秦世俊老师互动的时候，我提到自己是国画专业的硕士研究生又是

"90后"创业校长，希望可以上场为他写一幅字。撒贝宁老师这时说，那好，我们一起见识下校长的功力，于是，将我请上台。

这时意外发生了，因为是临场发挥，节目组没有准备写字的工具。导演喊了暂停。一筹莫展间，撒贝宁在现场暖场说，我们《开讲啦》导演组是万能导演组，要什么有什么。于是导演马上从东亿演播大厅，跑去传媒大学，买了两张宣纸、一盒墨汁、一根毛笔和一张毡子。

现场摆好，准备开写，但又发生了状况，没有镇石。于是，撒贝宁老师特别贴心地说，我是你的人肉镇石。他和秦老师便一边一个，帮我把着宣纸。我写的时候，听见他说，会写字的女孩，真的好美。

我当时写的是"功崇惟志，业广惟勤"，意思是：取得伟大的功业，是由于有伟大的志向；完成伟大的功业，在于辛勤不懈地工作。这幅字是送给秦老师的，没有默默的付出，他是不会成为《开讲啦》舞台上最朴素的演讲者的。

其实我也想说，如果没有这些年的努力，我是不敢在电视上去写字给全国的观众看的。

有个值得一提的小细节，那天撒贝宁老师也在现场写了一幅字，这个场景在后来播出时被剪辑掉了，电视机前的观众可能看不到，他虽然没有专业基础，但也写得相当好，他为秦老师写的是"父子情，深深深"。

撒贝宁老师当天的临场发挥和多才多艺给我留下了深刻的印象。我不知道他作为主持人，背后付出过多少努力。但从一个写字者的角度讲，能写出那样好看的字，背地里一定下了苦功，才能在节目中随机应变，信手拈来。自身不愿付出，不去努力，"美好"绝不会主动上门。

何时努力？

不是明天，不是后天，而是今天，是当下。

摩西式精神

高敏是我认识的第一个奥运冠军。和高敏认识是在"第二届诚信中国节"，她是形象大使，我是宣介大使。

高敏非常可亲，一起聊天的时候，她对我说，她希望有机会能像我一样学画画，她觉得会画画的女孩特别有气质。当时我以为她只是随口说说，客套一下而已。没想到不久后，在江苏卫视《说出我世界》节目中，她作为嘉宾，讲述了自己的经历。让我惊讶的是，在现场互动环节，她告诉观众，自己正在学画画，并展示了自己的作品。看到这里的时候，我顿时感动得哭了出来，想起了她曾与我聊天的那一幕。

高敏说，一个运动员最强大的地方是能够不断自我修复，并且不断地超越自我。或许我们每一个人不一定能当奥运冠军，但是我们可以做生活中自己的冠军。

高敏让我感动，摩西奶奶的画和故事也曾让我感动。她是美国原始派最著名的女画家之一，她曾说过，"做你喜欢做的事，上帝会高兴地帮你打开成功之门，哪怕你现在已经八十岁了"。

事实也的确如此。

生于纽约州格林威治村农场的摩西原本是一位平凡的女子，没什么文化，没什么地位，也没什么一技之长，照顾孩子、照顾丈夫、照顾自己温馨的小家就是她生活的全部。这个在七十六岁之前从来都不曾踏出过农场的女子是朴素的、执着的。

七十六岁那年，因为患了严重的关节炎，摩西不得不放弃自己钟爱的刺绣，拿起了五十多年前就想拿起的画笔。她没有接受过任何系统的学习，也不可能得到名家的指点，虽然岁月的刻刀已经在她脸上留下了太多沧桑的痕迹，谁也不认为这位已经年逾古稀、对绘画一窍不通的农妇可以画出什么能够看得过去的作品，但摩西却出人意料地成功了。

八十岁的时候，她在纽约开了自己的第一次个人画展。此后，摩西这个名字就成了艺术界的一个符号，人们都亲切地喊她摩西奶奶。在二战前那段充满阴霾的岁月里，摩西明快而富有生命色彩的画就像是一缕缕最温醇的阳光，照亮了太多人的心田。

七十六岁，年龄不小了，在很多人看来，七十六岁就是一辈子了，无论一生走过多少坎坎坷坷、风风雨雨，不管生命中是充满阳光还是布满阴霾，都过去了，都到了结束的时候了。伤春悲秋回忆一下过往无可厚非，再想做什么委实是有心无力，但摩西奶奶却不这么想。在她看来，七十六岁不是结束而是开始，是另一段全新生活的开始。

她也用自己的行动证明了这一点。在此后的二十五年里，她的人生又焕发了第二春。靠着那双苍老而依旧有力的手，她创作了一千六百多幅作品，那饱满的热情让许多年轻画家都感到不可思议。

有人说，摩西的作品不是单纯的怀旧，那细腻的笔触、明亮的色彩中隐藏着的是一个老人一生最丰富的感情和一种永恒的精神认知。《感恩节前捉火鸡》《过河去看奶奶》《槭树园里的熬糖会》等享誉世界的名画都氤氲着一种摩西式的精神。

是啊，摩西式的精神。

摩西奶奶都走完了"一辈子"，还愿意也敢于用耄耋之躯去开创另一个"一辈子"，你呢？你们呢？我呢？我们呢？

与其去追忆，与其去嗟叹，与其去悔恨，倒不如努力一把，给自己另一段美好。

最好的时光是什么时候？不是过去，不是未来，而是当下！

把握当下，把握自己，人生永远没有太晚的开始，只要你想，什么时候都可以重新来过。

岁月可以决定很多事情，时间也可以影响很多事情，但这些事情中却不包括成功，不包括幸福。

谁也没有规定人在什么时候应该做什么事情，更没有人规定什么时段的光阴才算是美好。人这一辈子，最美好的时光，永远都在当下，无论你的年龄是多大。

"肯德基之父"哈兰德·桑德斯创业的时候已经65岁了，那又如何呢？现在，肯德基开遍了全世界。

私下里，我也希望，我的学生们一如摩西，无论何时，都不要说太晚，都有重新来过的勇气。

美好的时光从来都不需要渴盼与等待，只需要努力与坚信。

活在当下，当下就是最美好的时光，这，毋庸置疑。

CHAPTER 5

温柔地对待这个世界，
 温暖去爱

社会如汪洋，
小丑鱼有小丑鱼卑微的快乐，
鲸鱼也有鲸鱼生存的烦恼。

生活不会把
什么都给你

　　北京的三月，阳光微醺，我静静地坐在未名湖畔，吹着略有些清寒的风，看着碎金般粼粼的波光，海阔天空的慨然与闲适油然而生。

　　"在想什么？"坐在一旁的徐和问，眼底的笑意一如往昔。

　　"没什么，只是觉得时间过得真快，"转过头去，看着他，我也笑了，"徐和，恭喜你！"

203

求安稳，还是去创业？

徐和是我的同班同学，也是我们系的才子，北大计算机系的研究生，还没毕业。

上周四，属于他的"雪国网络有限公司"很低调地开业了。

"不想给别人打工，就只能自己当老板了。"每次谈及创业，徐和都会这么说，有些吊儿郎当，似乎浑不在意，但从他的眼神中，我看到了一种额外闪亮的光彩。

他是认真的！我知道！

"谢谢！超凡，在这方面，你可是我的前辈了，一定要多指点指点我。"徐和笑着说。

"好啊！"我也笑了。

创业很简单，但真正将一片事业撑起来并不容易，我不是铁人，很多时候也会很累、很累，现在，能有个"哥们儿"与我一起奋斗，哪怕不是在一个领域，哪怕彼此之间的事业交集委实不多，但我却真的很开心。

我们聊了一会儿，不知不觉就聊到了当年的同学，聊到了"好兄弟"刘昌。

刘昌是个典型的东北男孩，人高马大，运动细胞发达，国字脸，不算特别英俊，但也有些小帅，学业成绩一般，人却很热情，自来熟，和谁都能打成一片，因为他的歌声"惊天地、泣鬼神"，名字中有个昌字，又特别爱唱歌，所以，"唱哥"这个别号就自然而然地叫了起来。

本科毕业后，他没有考研，说是要回老家创业，只是三年过去了，似乎还不见什么动静。

"唱哥怎么样？"徐和和刘昌是铁子，男生之间的交情与男女之间的"兄弟情"总是不一样的，我清楚，徐和比我知道的要多得多。

"阿唱啊，他要结婚了，你不知道？"徐和微微叹了口气说，"当初我也找过他，想和他一起把'雪国'搞起来，他说他很想和我一起干，但又觉得风险太大，说要考虑考虑，后来也就不了了之了。其实，他现在混得也不错，未婚妻是他同事，他们公司人事部的一个小美女。"

"人各有志，强求不来。"轻轻拍了拍徐和的肩膀，我安慰了几句。

晚上，我们又聊了很多，第二天清晨，我就坐飞机回了长春。

重新回到自己的办公室，看着已经堆积了不少的文件，我突然就想起了徐和说的话："他说他很想和我一起干，但又觉得风险太大。"这是刘昌的选择吗？创业有风险，这是必然的。又想求安稳，又想创事业，又想成功，又不愿意冒险，这个世界上，怎么会有这样的好事呢！

生活不会把什么都给你，即使它有，所谓选择，便是在拥有的同时错过。

选择了安稳，便错过了冒险与激情；选择了怠惰，便错过了勤劳的硕果。

什么都想要，却又什么都不想付出，怎么可能呢？

"雪国网络"是徐和的心血，规模不大，注册资本只有二十万元，但这二十万元中有十万元是贷款，还有十万元是徐和六年来勤工俭学一点一点攒下来的。换句话说，这是他绝大部分的家当。若是创业失败了，他便真的一贫如洗了。

"徐和，你不怕吗？"上飞机之前，我问徐和。

他的回答很坦然："我怕啊，但这个世界上没有什么是白得的，想要，总得付出点什么。凡凡，我要真的失败了，你可记得来天桥下把我捡回去。"

"好。"虽然知道他是在开玩笑，但他的乐观依旧感染了我。

而且，他说得对啊。

没有什么是白得的。钱有很多，没有白赚的；机会很多，没有白送的；成功也很多，也没有白给的。

我们真的很"忙"

或许，生活已经为你准备好了一生所需的全部，但却不可能在你三十岁之前、四十岁之前，全都交给你。想要得到什么，总要自己来获得，总要自己去换取，你想要的一切就仿佛挂在懒人脖子上的饼，想吃了，你得张嘴咬，若是你连咬的工夫都不愿付出，那你铁定会饿死。

若你一点儿努力都不愿付出，一点儿代价都不愿承受，那么，从生活那里你也得不到什么。

"凡凡，我可不是故意的，你得多体谅体谅我啊，我可不像你，自己能做自己的主，我是个打工仔，工作每天都一箩筐，下班了还要去应酬、去唱歌、去聚餐、去交际，得陪女朋友，我们张总还让我……我也没办法，顾不过来，平衡不了，凡凡，你帮我给徐和道个歉呗，我也不想失去咱们的友情啊……"

"雪国网络"开业的那一天，唱哥没有到场，回到长春后，我忍不住给他打了个电话。

平衡不了吗？没办法兼顾吗？是啊，的确没法平衡，的确无法兼顾。

要社交，要放松，要维护爱情，要和领导搞好关系，要友爱同事，又想呵护好友情……要的这么多，时间的确不够啊。

有的时候，我们真的很"忙"吧！

同一时间，一个人便只能做一件事情，做数学就没法做语文，宅在家里看电视就没法去逛商场，画画就没法去游泳，在演讲就不能去踢球……在得到的同时，总是要错过，十全十美的事情，真的没有！

事实上，如唱哥这样的职场新人真的有很多，毕业没几年，总是各种忙，既想吃好、喝好、休息好，又想维护好各种关系；既想工作轻松，又想工资优厚；既不想额外付出，又想被赏识；既要早睡，又想晚起；既要工作简单，又想新鲜刺激……只是，亲爱的，你们真的想太多了，生活不会把什么都给你们，想得到什么，总得付出，总会有错过。

这些年，其实我也错过了很多、很多，尤其是创业这几年，天天东奔西跑，有各种事情要处理，有些闲暇时，不是宅在家里看书，就是在画室里画画，但我并不后悔，也不想埋怨，因为在错过的同时，我也收获了许多。记得有一年"双11"期间，当大多数人在血拼网购时，我还在和教师们开会，讨论课程、教学方案。散会的时候已经凌晨了，大家休息时打开手机刷网页，不知道谁说了一句，当别人都在消费的时候我们在努力赚梦想。"艺凡"在我的努力下红红火火地搞了起来，画技有所精进，阅历有所增广，获得了成功，也赚了一些钱，生活不再局促，著作方面也算小有收获……知足常乐，我一直坚信这一点。

我不贪婪，我想要的并不多，我知道，生活不能给我全部，所以，我做了选择。

我努力过、付出过，我知道自己收获了什么，也知道自己已经将什么错过，不管选择的结果如何，是好，还是不好，我都愿意坦然地接受。

诚然，我的生活中也有各种不如意，遇到过风暴，遭遇过坎坷，但，这有什么可抱怨的呢？生活已经给了我很多，遇到些困窘和坎坷，也是必然，我也没吃亏。相反地，若生活真的将所有都给了我们，我们反而会不踏实吧，因为这是不劳而获，因为所有的美好、所有我们想要的都已透支，剩下的就是不美好、不想要的了吧？

所以，还是那句话，生活不会把什么都给你，想要收获，总得错过，什么都想要，或许最终会将一切都错过。

梦想，从不为
逃避打掩护

十月的时候，我随共青团中央走基层，二十天马不停蹄，从繁华的上海开始，到妩媚的杭州，再到美丽自然的湖北，最后回到人杰地灵的北京。一路虽然风尘仆仆，但也很快乐。唯一难过的是，吃得不习惯。

一封辞职信

虽然一路风景秀色可餐，回到家还是想立马做一回饕餮。坐在回程的飞机上，我的脑子里就一个想法，再多待几天，铁定就得把自己玩儿废掉。

回到长春，还没来得及喘口气，我就收到了一封辞职信。

年前新聘的一个专业课老师果断地将我"炒"了，理由却让人哭笑不得。

辞职信是这么写的：

张校长：

思考了很久，虽然英语是"硬伤"，我还是准备出国留学，世界这么大，我想去看看，工作诚可贵，梦想价更高，看到你活得那么潇洒，我也想去实现梦想。现在，我准备去实践。女神，永远支持你！

　　　　　　　　　　　　　　　一个快乐的追梦人

　　追梦吗？看着这个字眼，我没觉得她该被鼓励，只是觉得有些惋惜。

　　不知道从什么时候起，梦想已经成了辞职千篇一律的借口，也不知道从什么时候起，说走就走的旅行成了人们不工作的理由。

　　工作不顺心的时候，总是抱怨为了工作耽误了梦想；生活不如意的时候，便羡慕别人的际遇；遇到挫折的时候，总想出去走走，不去努力、不去攒钱、不去拼搏。年轻的时候，想要去旅游，也有旅行的好心情，却没钱；等有钱了，人也不年轻了，也没有了旅游的心情。许多人都这么感慨，听着还挺有道理，旅行啊，环游世界啊，追梦啊，可真高大上，十个人中有九个年轻的时候总会这么想。

　　我得承认，我也这么想过，十七八岁的时候，觉得能环游世界一圈，这辈子都值了，可休学去旅游、辞职去环游世界，我真没想过。

　　旅行是好事，出去走走也的确能增长见闻，但这却不是不工作的理由。

近两年，辞职去旅行似乎成了一种时尚，有不少年轻人很干脆地说走就走了。说走就走，是真的去看看，还是只想以旅行、以梦想为由来为自己的逃避打掩护？

人生在世，自由谁都希冀，但自由却是相对的，想要自由，总得用一段时间的不自由去换取。从来没有谁，将所有的好处都占尽，说走就走之后，却也要为自己的任性付出代价。年轻的时候荒唐了，不年轻的时候就要用更多的自由来弥补；相反，安安稳稳地度过一段不自由的时光，却能收获更多的自由。

现实很骨感

去旅行，可以啊，但不要加上辞职这个前缀；追求梦想，很好，但不要把追梦当成逃避现实的理由。

要知道，梦想，从不为逃避打掩护。

在《创业天使》栏目组实习时，我的工作非常简单，联系联系媒体，帮前辈们打打杂。看着身边忙忙碌碌的前辈，我总觉得这样朝九晚五挣命的生活又枯燥又无聊，心里也总有一股递封辞职信然后一个人潇洒走四方的冲动，但盘算一下，以自己的存款，也就只能在北京城里转转。但身边的前辈们呢，工作看上去是挺枯燥的，但无论想去哪个国家，却真的能说走就走。

旅行与工作，不仅不冲突，还是正相关的关系。工作越努

212

力，职位越高，带薪假期就越多，升职了，加薪了，手里的余钱多了，想去哪里旅行就能去哪里，想要什么时候去就什么时候去，累了，给自己放个假，回来依旧春风得意、炙手可热，但这些，年轻而向往自由的我们，显然还办不到。

收到辞职信的当天，我把那位专业课老师叫到了办公室。

她的年纪不大，研究生三年级，还没毕业，就想放弃学业，关于辞职这件事，我没多劝，只是问她："旅行回来有什么打算？"

我的问题让她茫然。

"没有什么打算，继续学英语。"

这个答案在我预料之中。

看她的表情，似乎她能一辈子都在旅途中度过，都能不顾一切地去追梦。

但事实上，理想很丰满，现实很骨感，没有谁能一辈子在路上，旅途终归短暂，但很多说走就走的人却不曾为自己找好回来之后的路。

那天，谈话之后，我让她回去再想想，第二天，她站在我面前，坚定地表示自己要辞职。

我在辞职报告上签了字。

之后，一次偶然的机会，我从一位和她要好的老师那里，得知了她的近况。

由于经济不独立，她一直在和父母作斗争，出国待了半个月，借宿在舅舅家里，回国后一直没有工作，在家学习英语。

环游世界不是借口

环游世界的梦想我也有，绝大多数人都有，但梦想，真的不是辞职的借口，不是逃避现实的借口。

我们所有人，都有自己的梦，这个梦，不拘旅行、不拘成就，或许很伟大、或许很渺小，五花八门，哪怕很荒诞，却也值得赞美，因为，那是梦想。

可是，梦想的实现，终究少不了脚踏实地；梦想的实现，总是要以一段时间的不自由为代价；梦想的实现，总要努力，总要付出；梦想的实现，从来都不可能一帆风顺，没有任何坎坷。

每个人都知道风雨之后的彩虹最绚烂，但知道归知道，真正坚持到彩虹出现的人却很少。很多人，不是在风雨中倒下，便是带着梦想躲进了屋中。

世界很大，人生很长，旅行很美好，梦想诚可追。但，梦想真的不是借口，也不会为任何逃避打掩护。

所以，若你是真心实意去追梦，若你的确已经做好了重新开始另一种生活的准备，那么，辞职吧，去旅行也好，去创业也好，去怎么都好，因为是在为梦想努力，所以，可以无怨无悔，可以一往无前。

　　但若追梦只是你的借口，若你还没有做好任何追梦的准备，若你只是随口一说，小伙伴们，我得劝你们，慎重一些，别动不动就辞职，辞职之前，先低头看看自己的钱包，再转身看看身后，你有没有准备好回来之后的路？没有退路，没有规划，为了逃避而逃避，为了辞职而辞职，为了逃避困难、为了逃避不如意而说走就走，都是对自己的不负责任。

　　诚然，这个世界上的确有一些活得很潇洒的人，也有一些靠着旅行功成名就的人，有可以无忧无虑一辈子追梦的人。

　　但扪心自问，你是吗？你能吗？你是高富帅吗？你是白富美吗？你惊才绝艳吗？

　　如果不是，请踏踏实实地工作，踏踏实实地奋斗吧。

　　无论是什么梦想，总要一步步地实现。工作之余，你同样能坐拥一段美好的旅途时光，这并不冲突。

慢即是快，
安静之中充
满力量

生日那天，我收到一份来自大洋彼岸的礼物，深陷资本主义"水深火热"中的死党璐璐寄来的书签。

淡蓝色的书签，不算漂亮，但很雅致，繁星的图案，星空下有一只正在奔跑的小猴子。

随着书签，寄来的还有一张明信片，上面写着张牙舞爪的一行字：大圣，生日快乐！

"孙大圣"

我是1992年出生的，属猴，从相识的那一天开始，璐璐就送了我一个雅号："孙大圣"。

璐璐是我的学姐，去年，研究生毕业的她，一个人去了加拿大发展，现在也算小有名气，据说，正在筹备个人画展。

同系的很多人，谈到璐璐，第一反应是"清冷"，第二反应是"骄傲"，第三反应是"不好相处"，但熟悉她的人都知道，她其实是个内心火热而善良的女子。不善言谈，只是因为害羞，骄傲的外表下，隐藏的其实是孩子般的天真与呆萌。

就譬如，她给我起"孙大圣"这个外号。

还记得，和师姐第一次见面是在图书馆，那个洒满阳光的午后，她穿着米色的长裙，戴着淡蓝的发卡，坐在窗边，安安静静地看着书，映着蓝天，就像一幅泼墨山水画。

那一刻的绝美，我至今难忘。

那个下午之后，她的身边便多了我。

璐璐是个很懂得生活的女孩，话不多，做什么事情都不急不缓、有条不紊。还记得有一次，我们要陪导师去北京参加一个学术研讨会，出行前一天，我忙得乱七八糟，总觉得有太多的东西需要准备，时间怎么算都不够，璐璐却很淡定，依旧安安静静地看书，安安静静地喝茶，安安静静地上课，安安静静地上自习，安安静静地画画，生活的节奏一点儿都不曾改变。那时候，对她，我是真的很羡慕，羡慕她的从容，羡慕她的安静。

有一次，我问她："你不急吗？"

她笑了笑说："慢即是快。"

那时候，我不是很懂，现在才隐隐地明白，其实安静也是一种力量。

"凡凡，你好久没读书了，真的快变成取经路上的孙大圣了。"

和书签一起寄来的，还有一张明信片，没有生日祝福，只有这么一句话。

拿着书签，一遍一遍读着这句话，我有些怔忡。

是啊，我有好久没有安安静静、认认真真地读过书了。

虽然平日里也翻书，但却不是读，再也没有了过去阅读时的纯粹与专注。

以前，我每周都会读一本书，写一篇读书笔记，和璐璐一起通过邮件，你来我往地探讨。

可是，不知道从什么时候起，读书笔记已经没有时间写，邮件也变得断断续续，甚至，璐璐的身影也已经模糊。

是因为太忙，工作与生活的节奏实在太快，还是已经习惯了没日没夜的匆忙，习惯了每时每刻都仿佛在时间中飞速穿梭的常态？

路边的风景有多美

最近几年，我似乎一直在忙碌，今天飞这里，明天跑那里，感觉自己就像一只陀螺，被一根根小鞭子督促着不停地转，不停地转。

我想要多学几门外语，想要多参加几个培训，想学马术，想练跆拳道，想继续深造，想办画展，想学作曲，想出本书，想……想做的太多，想做好的也太多，但到头来，真正"成事"的却不多。"一年减肥十二斤""给自己写一支歌""三个月写一本小说"等"目标"，还不及开始，就已经夭折。

　　社会太浮躁，生存的压力太大，满目繁华中，就像手机一般，更新换代的速度太快，渐渐地，我们学会了赶时间，适应了匆匆忙忙，再也不愿意坚持做一些事情，生活的主流也变成了急功近利。

　　一次又一次，我们给自己的人生设置底线，给自己的心灵添置枷锁，太快的生活节奏让我们活得更像一个个机器人。我们每天都在生活，都在为自己的人生努力，但却忘了什么是生活，什么是努力。

　　刚去加拿大那会儿，璐璐也有些迷茫，为了能够在三年内成功举办个人画展，她也来去匆匆，每天都在为钱奔忙，每天都绞尽脑汁，生活的全部似乎就是为了让自己的履历看上去更加高大上。

　　其间，我也跟着她着急过，也为她出过不少主意，虽然知道这样没有错，那个时候，我总觉得这样的她似乎已经不是我喜欢的那个她。

　　直到出国三个月后，她给我写了封邮件。

　　她说，自己想明白了，办画展固然很重要，但也不过是她人生的某一站，而不是终点站。她出国深造，是为了以后更长远的发展与进步，是为了取长补短。那之后，她又重新变得有条不紊，重新变得安静从容。而我，不知不觉间却陷入了一个快节奏的怪圈，终日忙碌，走得很快、很快，却忘了欣赏一路的风景，就像一只在深蓝的夜空下不知疲倦地奔跑着的"小猴子"。

不倦吗？不，其实真的很累、很累。

所以，我想要歇一歇了，和我同样忙碌的你，也该停下来，歇一歇了。

磨刀不误砍柴工，慢慢来，才更快。有了充足的休息，才能精力满满地重新上路。压力是动力，是促进力；相反，安静也是一种力量。它让我们专注于事情本身，它是心灵的修养。有了它，我们身上，才会注入一种纯粹的、能够创造奇迹的力量。

停下匆忙的脚步，慢慢走，多看看路边烂漫的野花，多瞅瞅天上浮动的白云，安安静静地享受一下阳光与晚霞，没什么不好。

那天晚上，我拿起了搁置在床头很久的《纳兰词话》。

那天晚上，我给璐璐发了一封邮件，只有两个字：谢谢！

在"快就是生命"的现代，快一点无可厚非。但很多时候，急功近利会吃亏。脚步太过匆匆，会摔倒，与其如此，倒不如慢慢来，一步一步踏踏实实地走，这样才能真正地快人一步。

人生如戏，生旦净末丑，不同的角色，不同的演绎，不同的精彩。除了我们自己，谁都不可能为我们的人生买单，更没有义务为我们的人生负责。

谁都没有帮助你的义务

他那副理所当然的模样

前段时间，我去大连，在火车上碰到一对父子。

父亲五十多岁，憨实而朴素，黑黑的脸膛，厚厚的唇，一双大手生满了老茧。

儿子二十五六岁，白白净净的，人看上去也很精神。

因为比邻而坐，我们自然而然地就谈了起来。

通过交谈，我知道，他们就是大连人，在长春打工，父亲是位木工，儿子是位平面设计师，在长春的一家小广告公司工作。

天南海北地扯闲篇儿，不知不觉就聊到了婚姻问题。

那位父亲问我有没有结婚，我笑着摇头，说我还年轻，想要再打拼几年。年轻的设计师对此很赞同，顺着话茬，开始抱怨："我也这么说，我爸就是不听，天天催我结婚，结婚着什么急，男人嘛，总得先立业后成家，我才二十六岁，三十六岁没结婚的人不也一抓一大把？再说了，现在这世道，没车没房，哪个女孩

221

肯跟着你？爸，不是我说，你要是给我买辆车，准备好婚房，我下个月就给你领个儿媳妇回家。"

这话，我听着很刺耳。

"妹子，你不知道，我大舅家的表哥是哈医大的博士，毕业后就去了瑞士，现在在一家私立医院当院长，月薪十万美元，却不愿意给我点儿钱去创业，我要的也不多，也就十万人民币。

"还有我同学，上大学的时候，我可没少照顾他，还帮他打过架，他爸是上市公司老总，只要他向他爸歪歪嘴，帮我一把，我也不可能在现在的破公司，每月拿三千块钱。公司里的那些老油子，小气得不行，根本就不愿意教你真本事……"

看着他那一脸理所当然的表情，我突然就没有了谈话的兴致。

这算什么呢？

这个世界上，从来没有谁欠谁的，也从来没有谁有帮你的义务。

帮你，是恩情；不帮你，也理所当然。

父母没有义务为你买房买车，亲朋也没有义务为你出钱出力，同学没有义务为你谋前程，同事也没有义务教你这个教你那个。

退一万步讲，就算别人都帮了你，你有了房，有了车，有了创业资金，有了好工作，之后呢？生活还得你自己过，遇到挫折还要你自己克服，工作还得你自己做。若你什么都不想做，若你只想不劳而获，那么，又凭什么要求很多，又凭什么寻求帮助，抑或在你向别人理所当然地寻求帮助，理直气壮地连一声"谢谢"都不愿意说的时候，你有没有想过，你为别人做了什么，你给别人提供了什么帮助。

做"伸手党"，莫非还是一件光彩且理所当然的事情？

一切尽在不言中

有那么一刻，突然很为这位父亲伤心，为他感到不值，看着那双沧桑中带着无奈的眼眸，我想，我真的有些感同身受。

事实上，在我身边，类似的事情也很多。

很长一段时间里，我也为此感到困惑，甚至焦头烂额。

这几年，随着名气的增大，关注我的人越来越多，微博上、微信中、朋友圈里，向我诉苦的人，找我想办法、求安慰、求解答的人也越来越多。有网友问我，三个月时间怎么才能考上研究生，让我帮着做个学习计划；有网友工作不如意，和同事生了嫌隙，有了龃龉，问我该怎么缓和关系；甚至有些网友和父母吵架，问我该不该离家出走。

起初，我会花很长时间认认真真地回复每一位网友，但大多数时候，回复之后，等来的要么是更多的抱怨，要么是没完没了的追问，要么是出现了新的问题，要么是无声无息的消失。

人与人是不同的，生活环境不同，阅历不同，思想也不同。我的知识有限，阅历也有限，我没法告诉你如何一夜暴富，也没办法告诉你不努力、不付出怎么取得好成绩，我更不可能为不认识的你去担保，帮你创业。

曾有位观众加了我的微信，在朋友圈里给我留言。他说一开始他认为我是在借助电视节目来炒作自己，不过是为了给自己的学校招生而已。但后来看到了关于我的更多的资料，才渐渐改变了最初的想法。他说，大多数人只能看见你台上的风光，但幕后你付出多少努力和汗水，遇到多少困难，都是他们不曾了解的。无论怎样，你不能否定一个姑娘的努力。

看到他的留言，我沉思了很久，有很多话，欲说还休，最终我回给他一个笑脸，一切尽在不言中。

万般皆苦，唯有自渡

到大连后，我的心情依旧有些抑郁，会后，和一位前辈说起这件事，前辈说我自寻烦恼。

他说，这样的事情，他遇到过很多很多。现在，也的确有很多人，太缺乏主动性，尤其是一些年轻人，凡事不积极，总把别人的帮助当作理所当然。进了公司，抱怨领导不给力，嫌弃同事不帮忙，工作做不好全都归咎于前辈自私，不肯提点，事实上，这真的很可笑。

我们都是成年人了，做什么事还得别人帮着吗？还得别人管着吗？

不帮不管就是罪过？

不得不说，这种大众常有的逻辑真的很荒谬。没有谁天生就欠了谁的，也没有谁有必须给你提供帮助的义务，社会不是幼儿园，职场也不是学校，想要得到什么，我们得自己去努力，自己去争取，坐着不动，是没有人会把果子送到你嘴里的。

有人会说，难道非得放着现成的资源不用，非得自己累死累活地去打拼？去探寻？

有这种想法，纯粹是在抬杠。

谁也没说寻求帮助是不对的，只不过，寻求归寻求，别人帮不帮你却是自由。帮了是情分，不帮是本分。把别人的袖手当罪过，把别人的帮助当应该，实在是大错特错。

我得承认，我的生命中不乏贵人，帮助过我的人也有很多很多，对他们，我心怀感激。但无论什么时候，我都没想过理所当然地接受别人的帮助，也没觉得谁谁谁就得帮我，就得为我做什么，哪怕我把左臂遗落在了天堂。

学习也好，创业也好，这么些年，和其他人一样，我遇到的问题有很多，困惑也不少。

不懂了，不会了，卡壳了，我会去问，会去求助。但那只不过是附带，最后，要做事的是我自己，要去解决问题的也是我自己。

就拿学校的管理来说，起初，我是真的一窍不通，但我没沮丧，不会，我可以去学。我在网上搜索了很多资料，分门别类，根据需要，买了很多相关的书籍。从入门的知识开始，一点点地去学，不懂了，自己去查资料，去提问，去取经，把简单的弄懂了，再去更深入地学习，去实践。

虽然犯了不少错，闹了不少笑话，但现在，在管理学校、处理相关的事务时，我也能做到基本周全、有条不紊了。

有些人会说："超凡，你太幸运了，你一点也不苦。"是啊，在大家爱的簇拥下，我的记忆里只有美好，没有泪水。

啰唆了这么多，我不是想要夸耀什么，也不是想要指责什么。

只是想对你说，亲爱的，别再等着别人帮你，别再怨愤无人援手，积极一点儿，主动一点儿，不懂的自己去学，不会做的试着去做，不明白的努力去弄明白。

单靠向别人"要"，是没有出路的。父母也好，朋友也好，同事也好，都不欠你的，都没有帮你的义务。

与其为了没人帮而委屈，倒不如想想自己该做些什

么，想想困难要怎么解决，问题要如何面对，责任要怎
么承担。

　　这个世界上，最终成全你的人，永远是你自己！

做自己，
就够了

这两年一直做活动、参加节目，我身上的标签也渐渐多了起来：国画专业的研究生、人民网专访中的头条新闻人物"学霸女神"、艺术教育培训学校的"90后"美女校长……

秘密花园

之前参加《一站到底》，因为不错的状态，我成了《一站到底》改版进入竞速时代后第二位"大满贯女战神"，当晚收视率夺得周一冠军，我又被观众们戏称为"不败女神"。

在《一站到底》，我连续守擂两期，在第三期遗憾落败，无缘擂主之位。守擂当晚，我的身体状态其实特别差。就在一天前，我接到了CCTV2节目的电话，告诉我，我被评为了"最受观众喜爱奖"候选人，并邀请我参加十一特别节目的录制，节目的导演是我曾参加过的《惊喜连连》节目总导演谢孔忠老师。

《惊喜连连》是我第一次参加的电视节目，总导演谢孔忠老师当时给了我特别多的照顾。记得第一次参加录制的时候，演播室前有九个大门，我要一关一关将它们打开，在聚光灯的照射下，我当时心慌意乱。这时我看到了一双眼睛在注视我，当我辨认出那是谢导时，他温柔地对我说："小姑娘，你知道吗？你在镜头前笑的样子真的好美。"

或许他不知道，正是他这句话，给了我力量。此后参加别的节目，站在舞台上，我总能想到他对我说的话，也因此越来越自信。谢导对我有知遇之恩，正是他让我从一个小观众到竟能钻进电视里，说出自己的梦想。因此，我没有犹豫，就答应去录制。

这样问题就来了，这意味着我需要在四十八小时内往返南京和北京，昼夜不休，完成节目录制。

于是我清晨五点从南京飞往北京后，连续录制了十七个小时节目。在晋级全国五强后，时间实在不允许我再在北京继续下去，于是只能遗憾地退出比赛。

一夜未睡，我困得不行，北京的清晨还是有点儿冷的。匆匆收拾行装，我从录制基地直接赶往机场，乘最早的班机赶回南京。

回到《一站到底》的舞台上，我感觉自己的大脑已经停止转动了，结果在强大的张德祥面前，我连错三题，遗憾落败。

后来回看节目，看到镜头前昏昏沉沉的自己，我忍不住笑了好多次。有人说，其实谢导那边你完全可以拒绝的，没有档期也正常，更何况南京还有赢得四十万元年薪的机会。但我心里想的是，二十万元也好，四十万元也罢，输了比赛，可是却对得起自己的承诺。

子非鱼，安知鱼之乐

很多时候，我其实觉得自己挺幸福的，不为其他，只为我爸和我妈从来都没有为我安排过什么。

兴趣也好，学业也好，人生也好，所有的一切，无论是好，还是不好，都是我自己的选择。

惠子曰："子非鱼，安知鱼之乐？"社会如汪洋，小丑鱼有小丑鱼卑微的快乐，鲸鱼也有鲸鱼生存的烦恼，人这一辈子，说很长，其实也很短，除去吃饭、睡觉的时间，留给我们自由支配的时间真的有限。而这有限的时间还要被以爱的名义、以为你好的名义不断地削减，不得不说，这实在是一种无奈。

身边的许多人，人生经历其实大同小异，只不过，有部分人对此甘之如饴，有部分人怨天尤人，有部分人是口是心非的否定，只有很少一部分人能鼓起勇气去改变，去为自己争取什么。

或许，有勇气的他并不起眼，也不足够优秀，但他们有勇气为自己搏一把，就已经值得敬佩。

无论成败，顺应自己的心，走出了第一步，那么暴雨也是晴空，因为，心里很幸福。

说起来，做自己，其实是个挺俗的话题，各种励志故事、"心灵鸡汤"、"鸡血针"，或多或少都会提，但真正有勇气做自己的真的不多。

世界很大，也很小，各种各样的圈子束缚着我们。年纪越大，阅历越深，在乎的就越多，考虑的就越长远，冒险与改变的勇气就越少。

其实，这无可厚非。

有勇气改变，是一种幸运；无缘去改变，也无需懊恼。

只要能清晰地认识到自己真正的内心，保持探索的热情，在心灵的世界给真正的自己保留一座小小的秘密花园，总有一天，你能做一回自己，哪怕稍纵即逝，哪怕没什么结果，也够了！

独一无二
地活着，
挺好

有人问我，参加《一站到底》，你记忆最深刻的是哪一期，我毫不犹豫地回答：第一期。

人生若只如初见

最开始参加《一站到底》，我其实挺在意奖品的，没有想过那么多。没想到的是，计划不如变化，临上场前一个小时左右，我才被通知，我的身份是"挑战者"，这意味着我要从头打到底，以一敌八，才能通关。看起来站在场地中央很特别，但实际上，压力和难度都是最大的。我暗自给自己打气，能走下去，这场比赛就无悔了。

我没有想到那天我的两句话会在网络上迅速疯传，当主持人李好和郭晓敏问我是否继续时，第一次我说："想要就去争取，我们天生就是战士！"

然后他们又问了我一次，第二次我说："想要就坚持到底，我们终将会成为战神！"

那天的对决特别温馨，没有丝毫火药味，我的对手似乎都希望我站到最后，当我赢了的瞬间，我记得第三个被我淘汰的同济大学学霸大炜哥当场便跳了起来。

后来，剪辑导演加了微信，告诉我，剪了四年的《一站到底》，本来觉得已经麻木了，但剪完这期，彻底哭了。他觉得那一期意义非凡。

以前，我最喜欢做的事情就是做计划，学习要做学习计划，工作要做工作计划，训练要做训练计划，旅行要做旅行计划，创业了，还要做企业规划、人事规划、企业目标展望……凡此种种，我曾经乐此不疲，现在却感觉有些疲惫，倦了、厌了，因为，活得不像自己，而像一个被囚禁在计划怪圈中的机器人。

三年前，抱着倒数1095天的雄心，我做了一个三年人生规划，还做了年计划、月计划、周计划，每天都按照计划中的方向循规蹈矩地活着：坐在电脑前，机械地写着文案；去培训班，按部就班地听课，手翻动着书本，却全然不清楚书上写着什么；带着各种各样的目的，去社交、去应酬、去侃侃而谈、去觥筹交错……脸上带着热情的笑，但笑着笑着，自己都觉得假。

做了一个半月的"机器人"，我还是放弃了，这样的自己，真的很讨厌。

现在，依旧有很多人问我人生计划是什么，坦白说，我想做最真实、最勇敢的自己，因为我的未来谁都没有去过，我不想轻易给它下一个定义。虽然遭遇了不少意外，有过惊喜，受过惊吓，好几次措手不及，不自觉闹了笑话，但也正是在这段时间，我"任性"地参加了《一站到底》，意外地得到了"东方维纳斯"的赞誉，写了自己的书，有了博客，有了粉丝，事业也走到了一个新高度。

或许，喜欢安安稳稳、按部就班的人总觉得我太任性，但人生本就因为未知才显得精彩。相比于平静无澜的死水，有涟漪、有波涛、有漩涡、有激流的活水所代表的才是真正的生活啊。被计划的人生就像是一部早已经知道了结局的电视剧，无论特效做得多好，也终归乏善可陈。

一点儿都不像名人

前天去书店，我看着货架上满满的《40岁之前一定要做的事情》《30岁人生规划》《20岁之前必须养成的品格》《50岁的时候，××××× 》……就仿佛在20岁、30岁、40岁、50岁之前没有做过什么，没有养成什么品格，你这辈子就完了，就注定无法成功，注定out了、出局了。

但人生这东西，还真是奇妙得很，非得写个剧本按着走，还真是大错特错。

真要照着书里生搬硬套，那么好吧，恭喜你，你已经把自己丢了。你已经渐渐地变成了别人的复制品，并且，和你同一型号、同一规格的"产品"还在"生产线"上源源不断地"生产"

着，说不定哪天你就能撞到。

如果是这样，你是该觉得幸运，还是该觉得悲哀？

你是该绞尽脑汁、拼尽全力，撞得头破血流也要在所有的复制品中拔得头筹，让自己的人生一偏到底，还是打破扣在身上的模子，重新做自己？

三月，我在长春本地录了一期节目，录完之后，编导对我说："小张，你给我的感觉，一点儿都不像名人。"

我哑然，名人应该是个什么样呢？

衣着光鲜，前呼后拥，到哪里都有粉丝热捧，说话做事，满满的都是矜持，碰到不认识自己的人就觉得你连我都不认识，实在是太孤陋寡闻了？抑或是架子端得满满，派头摆得十足，气场开到最强，恨不得在脑门上刻上一行字，我是名人，天下无敌？

名人，也不过就是普通人，有缺点、有不足，有庸俗的时候，有高大上的时候，有悲欢、有喜乐，有自己的性格，有自己的好恶，不是圣人，也不比别人多什么或者少什么，真要是按照"名人模式"当名人，那纯粹是自己给自己找罪受。

我不知道别人怎么样，反正我就是我，一直做真实的我，不去讨好谁，也不刻意地营造什么。

不是淡泊，只是不想活得太矫情，不想为了某个目标、某个计划、某种模式、某种样板而改变自己。那样的人生，不是我想要的，真那么做了，我怕将来的我会讨厌现在的自己。

所谓的交往价值

上上周，我在淘宝上买了一套陶瓷茶具，淡紫色的，云草花纹，非常漂亮，物流走的是韵达快递。

宝贝到的那天，快递员给我打电话，约好了傍晚五点半送货上门。

结果那天下午我突然有急事，一直忙到傍晚六点半，回到家的时候，已经将近七点了。

却没想到，快递员依旧在门口等着我。

见我回来，他先向我道了歉："不好意思，我的手机没电了，来了也没法通知你，你给我打电话了吧？我真是准时来的，怕你误会我没来，只能在这儿等你了。"

他很实诚，我则有些不好意思，后来，一来二去，我们就成了朋友。

他的学历不高，只初中毕业，却特别喜欢作诗。

熟悉了之后，他经常和我交流，分享他的诗。

我也乐于与他一起探讨。

偶尔有一次，我和朋友提起这件事，朋友很不解："写诗能当饭吃吗？"后来，他还直截了当地和我说，"你这是在浪费时间，完全没必要。""他无法给你什么帮助，没什么交往价值。"

什么是交往价值呢？我不知道。我只知道，我喜欢和他一起谈诗，即使他不懂平仄。

人与人之间的交往，原就不该带有太过强烈的功利性。

难道真的要列出一张交往列表，按照所谓的价值将人分成三六九等，做个计划，按照步骤，公式化地去交往，才算正确？

月前，我认识了一个花农，是我的网友，他种的花有很多，还有我特别喜欢的风信子。

从他那里，我知道了许多种花的知识，受益良多。

朋友听了，却苦口婆心地劝："你该收收心了，出名要趁早，出了名要经营好自己的形象，笼络好粉丝，把自己包装得高大上一些，别总是降低自己的'身份'！你瞧瞧那些明星、名人，大多都是这么走过来的。"

我不觉得自己有什么身份，也没想成为明星，包装什么的，计划、套路什么的，真心不习惯。

其实，有时候我也挺纳闷的，为什么做事一定要有计划呢？

为什么非得给自己套上条条框框，套上"必须"，套上"××时候做××"的枷锁？非得"××岁结婚，××岁立业"，××岁怎么怎么的？非得这样做这个，那样做那个？

未来还没开始，就已经先将路线一条条画好，将精力与时间全都过分地投注于某个目标，反而错过了人生中绝大多数的风景与精彩。

谁规定我们不能心血来潮？谁规定我们非得循规蹈矩？谁规定我们非得按时启动？谁规定我们就得一成不变？谁规定我们非得为了突如其来的意外而战战兢兢？事实上，人生多一些未知、多一些意外，没什么不好。

别扯什么励志宝典，也别总拿财富秘籍、心灵鸡汤、智慧典范来说事。每一个人，从出生的那一刻起，就注定是独一无二的，没有谁能够为独一无二的你我提供人生的范本。所以，内心强大一点儿，做事勇敢一点儿，遵循内心，做独一无二的自己，就挺好。

谁的青春不迷茫

记得多年前我参加艺考的时候，在北京通州区时代中学里考试。那是我人生中第一次离开家乡，在外地过春节。

在不断地试错中找到方向

独自一人，有很多的不方便，有一次，我去水房打一盆热水，回住处的时候，想要开门，便一只手端着盆，用另一只手臂去按把手，结果没拿住，盆一下子翻了，滚烫的热水全部洒在右腿上，幸好冬天穿的是棉裤，但腿还是火辣辣地疼。

当时我没想和爸爸妈妈说，怕他们难受，忍着疼，去楼下买了一管烫伤膏，在手掌那么大面积的烫伤处上了药，坚持每天在画室里画画。伤口恢复得不好，有的地方溃烂了，每一次穿裤子都疼得要命，但我始终没有停下画画。那时，我心中只有一个信念，现在吃多少苦，以后就有多少幸福。

不过这件事给了我一个教训，以后我做事情变得更加谨慎了，而且更能一个人去面对困难。

常常听人说，上学的时候学的专业不是自己喜欢的，进入职场，工作也不是自己喜欢的，甚至有的时候，牵手一辈子的人也被打上了厌恶的标签，可是，口口声声说着喜欢或者不喜欢的我们，又有几个真正了解自己的兴趣，真正知道自己想要追寻的方向？

　　励志日记本中，"追随内心的想法"已经成了陈词滥调，"心之所向，梦之所向"更成了很多人的口头禅，但心在哪里？方向在哪里？你也好，他也好，却大多无法给出确定的答案。

　　兴趣有很多，爱好也不少，好奇的事情千千万，但又似乎并不曾特别喜欢哪一种。

　　谁的青春不迷茫呢？

　　正因为迷茫，才一直渴盼着早一点儿找到奋斗的方向，寻到生命的导航；然后，拼命地努力，拼命地争取；最后，收获幸福满缸。

　　但事实上，世事无常。我们每个人，因为独一无二，所以生命的轨迹、人生的际遇也多有差异，不同的环境、不同的角度、不同的瞭望点，让同一个世界在不同人的眼中展现出了天差地别的风景。谁都不知道自己究竟会在哪一条道路上遇到自己的钟爱，但无论如何，人生总要继续，路也总要走，不去走，不去尝试，害怕失败，害怕犯错，便永远都找不到方向。

　　不管是谁，要找准自己的方向，总是要不断尝试的。不犯错、不尝试，又怎么知道哪条路适合自己，又怎么知道要朝着哪个方向调整与转舵？

甲之蜜糖，乙之砒霜

如果你仔仔细细地读过那些成功人士的励志传记，便不难发现，在找到最适合自己的方向、最适合自己的领域之前，这些成功者，全都在不同的领域、不同的方向做过尝试。譬如马云，在创办阿里巴巴之前，他当过英语老师，真正剑指互联网时，他的足迹已经踏遍了很多领域。

就我自身而言，在决定创办"艺凡"之前，我也做过不少尝试，办过国画培训班，想过去当美术老师，也试过去美术工作室工作，只是诸般尝试之后，我确定了，"艺凡"才是我的梦想、我的方向。

不记得是在微博上，还是在豆瓣上，或者是在朋友圈，我听一位网友说过，给人生找方向就像是谈恋爱，或许，恋爱前，你觉得小鲜肉就是男朋友的标配，但相处长了，当什么事都需要你自己解决自己扛的时候，你就会知道颜值这玩意儿，真不能当饭吃。你以为精英型的男人能给人安全感，真的恋了、爱了，却又忍不住羡慕那每天都问你晚上要吃鸡翅还是西红柿打卤面的暖男。

当然了，婚姻观念不同，性格不同，个人的选择也不同，单就选择本身来说，还真没有什么对和错。甲之蜜糖，乙之砒霜，萝卜青菜，各有所爱，好不好，标准只有一个，那就是合不合适。但世界这么大，适合你的那个他不可能天天站在你家门口等你，同样地，适合你的人生、适合你的方向也不会自己巴巴地送上门来，要找到它，就需要不断地尝试，不断地试错，不厌其烦地为内心的所有爱好与冲动买单，直到你找到让你恋恋不舍、让你内心充实并满溢幸福的那个他，那条路。

然而，很多时候，现实就是，虽然心中满满的都是钟爱，我们却不愿意也不敢轻易去偏离自己已经形成的生活轨道，不敢去不断地尝试，尤其是在得不到任何支持的情况下。

朋友小眉是某软件公司的骨干工程师，工作强度稍稍有些大，但工作环境好，工资待遇高，妥妥的金领一枚，今年二十七岁，有车有房，小资的生活羡煞旁人。她自己却不怎么满足，她说自己喜欢文学，"我的梦想是当作家"成了她的口头禅，但这所谓的爱好，似乎也就停留在口头禅的阶段而已。她从来都没有写过任何属于自己的文字，哪怕是一首小诗；没有看过任何与写作技巧相关的书籍，甚至，连书她都很少读。

"既然喜欢，为什么不做点儿什么？"我忍不住问她。

她的回答是，不确定从哪个方向开始入门才是对的，也不确定先从哪种素材着手练笔才能真正锤炼自己。

这样的回答，让我很无语，从什么方向入门真的很重要吗？重要到找不到"正确"的答案便不去尝试，一千个人有一千种入门方式，适合别人的不一定适合你。"正确"或"错误"更不能一概而论，真的有心，只要尝试了，做了，不论从哪个方向入手，其实都是正确的。

　　爱好与工作不同，人生的方向也与选择无关，找到了就是找到了，找不到也并非天塌地陷，方向是什么，就是不断地尝试，不断地犯错，不断地改正，改正了再犯新的错，千锤百炼之后修成的那一颗"正果"。

　　没有人强迫你一定要在年轻的时候找到那件你要为之终生奋斗的事情，所以，多尝试几次，让心灵多飞一会儿，也没什么不好。

　　人生无常，四季轮转，总有不同的风华与景致。只要心依旧强大，只要自己还是最真实的自己，那么，无论何时，只要找到了那个方向，只要圈住了那个梦想，我们依旧可以义无反顾地转舵起航。

　　错了，有什么关系呢？

　　没有错误的人生，原本就不完美，没有错，又哪里来的对？更何况，究竟是对还是错，能够定义的，不是他人，而是我们自己。

CHAPTER 6

TA说

超凡可以做到的，
我相信，
你也可以。

著名主持人

郭晓敏

即使翅膀
断了，心
也要飞翔

　　还记得读小学的时候，我们在课堂上总能频繁地听到一位优秀女性的名字。她五岁时因患脊髓血管瘤导致高位截瘫，于是自学了小学、中学和大学的知识，并学习针灸，在当地行医救人，后来她开始从事文学创作，先后翻译了数十万字的英语小说，编著了《生命的追问》《轮椅上的梦》等书籍。

她的故事感动和激励了整整几代人。

我相信很多"80后"依然能够马上说出她的名字，这位杰出女性就是曾任中国残疾人联合会主席的张海迪。我至今还记得她说过的一句名言："即使翅膀断了，心也要飞翔。"而我认识的张超凡，就是一个折翼的天使。

认识超凡是在2015年我和李好主持的《一站到底》节目上。录制前一天晚上，编导跟我们主持人对台本的时候，说有一位非常特别的女孩要来参加节目。说实话真的让我有点儿惊讶，这个女孩真的太特别了，因为她只有一只手臂。所以一上台，我就主动给了她一个拥抱。而我本能的同情与怜悯在见到她那一刻便烟消云散，因为她的漂亮与自信，因为她的谈吐自如，也因为她的才华横溢，她所取得的成绩已经远远超过现场的每一个人。那一期节目她以挑战者的身份登场，也毫无悬念地成了该期节目当之无愧的"女战神"和新一期的擂主。

从一开始我就特别想知道，究竟是怎样的家庭环境与教育让超凡变得如此与众不同。那天当超凡成功站到最后，我们也在现场见到了超凡的母亲。这位美丽的母亲身上同样透着温婉动人的沉静与一股不服输的傲气，如果不是因为时间有限，我很想让这位母亲能好好分享一下是怎么培养出如此优秀的女儿的。

超凡在现场说："爸爸妈妈本可以要弟弟妹妹，他们有这个机会也有这个权利，而我却是父母二十几年来唯一的女儿。今天站在《一站到底》的舞台上，如果说我是女战神，那么妈妈就是我心目中永远的女神。"

当看到超凡牵着妈妈的手走向胜利之门的那一刻，相信电视机前的观众和我一样都流下了幸福又温暖的泪水。

电视节目无法呈现的全部，只能通过其他形式来展现了。很荣幸我能够第一时间读到超凡的这本书，至此我才算真正了解了一个完整的张超凡，这个名字在我心中也有了更深刻的含义。

这位年轻的"90后"小姑娘，不仅在学习上奋力争先，在生活上更是独立自强，挑战了很多常人以为的"不可能"，她用勤奋与拼搏赢得了太多的荣誉，不仅考取了国画专业的研究生，还创办了自己的国学书画院。她第一次来《一站到底》送给我们的国画，叫《喜上眉梢》，我也一直珍藏着，这也是这么多年来我收到的最有意义的礼物，从中我感受到画作背后不为人知的艰辛、努力和苦尽甘来的温暖与执着。

不仅仅是画作，从她的文字中，我还真切地感受到她小小的身体所蕴藏着的无限能量。而作为母亲，我更关注的是她所经历的教育。因为她生来不同于平常人，所以她所受的教育也注定跟平常人不一样。超凡是幸运的，她有同样"超凡"的父母，他们对女儿的爱让我动容。她的父亲为了能让她有一个健全的人生，毅然下海从商，攒钱求医，做女儿和这个家庭最坚强的后盾。她的母亲经历了女儿出生那一刻的悲痛与内疚，看到女儿受到嘲笑与委屈时难免心痛与无奈，她只能选择比超凡更加坚强，只能给予孩子更多的关爱与鼓励，给她更多的自由与空间，任她飞翔。

这种言传身教式的教育才是超凡这辈子最大的幸运与财富。在她的成长经历中，她总能碰到和她同样努力、给她启迪与帮助的良师益友。这是何等的幸运。

当《一站到底》特别节目《英雄联盟》第三季录制的时候，她再次以"精灵游侠"的蒙面身份出乎意料地站在这个舞台上。揭面那一刻，我相信所有的观众都被她惊艳到了。她真的就像夜空中的精灵，才华横溢、光芒四射，照亮了整个舞台。

我们那个年代的人，榜样是张海迪，那超凡就是这个时代的张海迪。真心希望更多人能够读到她的故事，感受到她强大的内心小宇宙，在命运的低潮时，勇敢站起来，朝着梦想，砥砺前行，坚持到底。

我坚信，"自助者天助之"。

资深电视人、导演

谢孔忠

想想你自己，
没有不可能

上帝关闭一扇门的同时，也为你打开了一扇窗。

看上去，张超凡就是这样的姑娘。

2015年央视《惊喜连连》节目中，选手张超凡和她的父母一同出现在舞台上，瞬间吸引了我的注意力：这个漂亮的小姑娘没有左小臂。

她明眸善睐、亭亭玉立，在节目中一直绽放着灿烂的微笑，如果不是因为穿着短袖连衣裙，她看上去和其他女孩毫无差异，而且显得更有精神。

面对电视机前数千万的观众，她带着一点儿俏皮，向大家介绍自己："我出生的时候，老天爷就把我的左臂留在了天堂，我成了大家眼中的折翼天使，但是我觉得很幸福，我可以和在座的一样优秀。"

这番话打动了我，这是一个乐观开朗的姑娘，对自己的不幸经历轻描淡写。随后，她展示了两幅自己的国画作品，浑然天成的画风让主持人连连赞叹，再次赢得了现场观众阵阵掌声。正如她的名字一般，带着一种傲骨之感，要超凡于一切。

这个姑娘果真打开了上帝为她准备的窗户，而且不止一扇。

超凡在大学时不但一直保持成绩全系第一，还包揽了国家奖学金获得者、北京市三好学生等所有学生时代的最高荣誉，是位名副其实的学霸，也正如人民网所报道的那样，是一位"美女学霸"。

她从小受到热爱书法的爸爸的影响，曾在"中华魂"全国书画摄影大赛中获得国画、书法两个项目的金牌。除了对艺术执着地追求，在体育项目上她也不输他人。你或许想不到，这位看起来文文静静的姑娘还曾获得过吉林省速滑大赛（少儿组）冠军。

这是一个典型的"别人家的孩子"，让很多父母羡慕不已。

我从事电视制作二十多年，见识过各路奇人，也算是阅人无数，这个女孩，给我留下了独特的印象。

乐观、坚强、拼搏，从她身上我看到了生命的希望。她就像天使，为我们带来了生机和活力。她的灿烂笑容让我觉得，再苦再难，世界也一定都是美好的。

后来，超凡一封名为《写给1500位折翼天使妈妈的信》的五页亲笔信，在微博上掀起了一番热潮，经很多有着百万粉丝的大号转发，感动了无数人。在信中，我们了解到：其实，小时候的超凡也曾有过很痛苦的经历，害怕同学歧视她，害怕很多事做不好。但是她选择勇敢地去面对，积极地去争取做到最好。因为她相信，人生的路很长，每一段旅程都可以过得很漂亮。

有人说这个孩子非常幸运，虽然身体有些不完美，但在她人生的每一个阶段都遇到了很好的机会、得到了很多人的帮助，她才获得了这么多的成就。

可是，张超凡的成功真的是幸运而已吗？是偶然吗？是不劳而获的吗？

很明显不是。生活总会厚待努力的人。因为努力，机遇才会找上门来，贵人才会出手相助。

超凡曾告诉我，我是第一个邀请她参加节目的导演，接到栏目组电话的时候，她一度不敢相信自己所听到的。第一次参加录制的时候，她站在聚光灯下，仿佛被困在电梯里一般，茫然不知所措。是我的一句话，让她找到了自信，因而对我特别感激。当时我对她说，"小姑娘，你知道吗？你在镜头前笑的样子好美"。

最早，我在一篇文章中看到超凡的故事，被这个姑娘的努力所感动，才决定邀请她上《惊喜连连》分享她的故事。记得她第一次来公司，我正在开会，我当着在场的所有导演说，这个女孩将来一定会是一个传奇。超凡，现在可能没有人关注你，那是因为他们的眼光还配不上你的才华。

后来，她不论是在《一站到底》还是在平时的生活中都大放异彩，也印证了我当时的观点。

超凡没有因为天生的缺陷而纵容自己，降低要求，反而努力争取更加出色。

成为一名学霸，已经很不容易，更何况同时在国画、书法、速滑、游泳和武术方面，门门优秀。一个正常人都很难坚持下来的事情，她做到了。她付出了比常人更多的努力，洒下了更多的汗水，忍受了更多的痛苦，才收获了今天的成绩，漂亮地展现给我们看。

"超凡"这个名字取得名副其实：超凡脱俗，与众不同。

我认为，她的父母和家人也做得非常好，没有给她灌输她不如常人的想法，而是一直鼓励她：她没有什么不同，她一样可以非常优秀。

其实，上帝不只给人们打开一扇窗户，还准备了很多扇窗户。这些窗户代表着每个人的潜能，它们静静地待在那里，等待人们去寻找并打开。

也许超凡真的天生具有这些潜能，但是不经过努力挖掘，她也不可能获得成功。

很多人看不到那扇窗户，更看不到窗外的世界。

那些埋怨老天爷对自己不公平，没有打开窗户的人，看看自己吧，如果你四肢健全，老天爷已经善待了你，那你把握住这份幸运了吗？

问问自己，你有没有寻找过你的窗户，有没有曾经真正努力地学习过某一项技能？如果你只是待在原地不断埋怨，那你是不可能看到窗外的世界的。

　　如果你说自己很努力，还是没打开那扇窗户，那也问问自己，你真的足够努力了吗？你打开的方式正确吗？

　　还有很多人说太忙了没有时间去努力，难道超凡真的是超人，会分身术，比我们多出一倍的时间吗？

　　所以这些都是借口，同样是二十四小时，超凡可以做到的，我相信，你也可以。

　　因为，没有什么不可能。

著名画家、曾任吉林艺术
学院研究生院院长　朱臣

凡之不凡

人生或本当平凡，一如
艺术。

在平平静静的点画笔触中，
在悠悠扬扬的色彩节奏里，或在
常见无奇的造型布局内，一些悠远的深邃、依稀的温馨以及久违
的感动竟然莫名地涌入眼帘、涌上心头。

记忆中的超凡

初识超凡已是遥远的记忆了。

依稀记得1997年，香港回归祖国前夕，那时超凡还在上幼儿
园，来画室学习绘画的学生中超凡是最小的。冬天里，她瘦小的
身材显得穿在身上的羽绒服特别大，剃着男同学一样的短短的小
毛头，由奶奶陪同着，无论刮风下雨，超凡都会面带笑容地来上
课。在第一排，她总是坐得很直，就像她画的竹子一样挺立。

超凡的作业完成得特别认真，每次拿来的时候都是厚厚一
沓。作业只要往桌上一放，我就知道最高的那一沓一定是她的。
这画卷在她小小的身体面前显得格外厚重，从一页页的变化中我

看到了超凡在进步，不断地超越自己。

　　不经意间，我发现了超凡与别的同学的不同，这也让我更加关注与关照她。后来，我得知超凡同时还在学校学习速滑，而且有时上课的时间是紧挨着的。东北的冬天特别寒冷，但我从未见到小超凡有过懈怠。

　　很多事，开始都是那么平凡，或许我们以艺术的名义开始一条自己的漫漫长路，却因艺术的缘分守望和见证着一个个生命中的不平凡。

　　冬去春来，光阴斗转。

　　后来得知长大了的超凡身上的光环非常多：全国演讲大赛冠军、"学霸女神"、中国大学生自强之星、全国向上向善好青年、中国青年代表……撒贝宁在《开讲啦》中称她为"东方维纳斯"，中国残联副主席盛赞她"超凡的气质，超凡的智慧，超凡的传奇"。录制完《惊喜连连》《一站到底》等节目后，好多观众发现这个女孩不光生活经历激人励志，还博览群书、博学多才。现在，超凡自己的书已经写了十多万字。她说"这是她每天疲惫生活中的英雄梦想"。每当夜深人静之时，灵感不时闪现，超凡打趣道："每天写完了觉得睡觉都睡得特别香！"

音信中的超凡

本世纪初的一个夏天，我与超凡的父亲印权先生谈及超凡高考的努力方向及状态，得知超凡状态精进且要继续她的艺术追求，看着超凡用的画夹，想起她上课画画的样子，心中欣慰。

后来我得知超凡作为美术艺术生以全国总分第一的优异成绩考入北京工商大学。这是超凡的艺术持守，也是超凡的人生持守。她用坚韧和努力塑造了自己的青春，也用这份努力融入时代，感动和激励这个时代的青春。

去年参加完《一站到底》节目之后，超凡被网友誉为"大满贯女战神"。她的知识储备以及大气的状态是艺术生中罕见的，一时间学院的很多老师都向我打听这是一个怎样的奇女子，我们学院的招生办接到了不少关于各大媒体想采访超凡的电话。也是从那时候起，她有了自己的一群粉丝。

同学开玩笑说，超凡也成了"网红"。人们赞叹超凡的美丽、聪慧、阳光，超凡却对此有着清醒的认知："一个女孩的颜值不等于她的价值，当一个女孩的颜值和她的气质再乘以她的读书、生活、阅历以及她生活中的爱和期待后，她的总分就会很高。美的人太多了，但是如果可以用其他的系数去乘，那么这些都可以给你加分。而且，别人看到你的时候，会觉得这是一个熠熠闪光的人，而不是单纯地通过外在修饰而美丽的人。"

媒体中的超凡

一次偶然的机会，得知北京市高校联合演讲大赛的消息时，原本性格内向的张超凡，决定挑战一下自己。"第一次参加演讲比赛，我还记得题目是《我有一个梦想》，我讲的是自己从小到大的心路历程。""那段日子，我几乎一下课就奔去书店，把历史、科学、体坛风云等相关书籍通通抱入怀中，直至高度超过了鼻子，才不死心地带到二楼的咖啡厅迅速阅读，看完就立刻换下一批。"张超凡回忆她参赛时的样子，"因为心中怀有一个高峰，就想拼尽全力到达战神的高度，而在实现的过程中，知识就是奠基石。"此次成功的演讲，使她拓宽了视野、增长了见识、提升了认知，也改变了超凡的命运。之后的大学期间，超凡作了五百场公益讲演，也开始了超凡大爱、阳光、青春、向上的新征程。

如果说《一站到底》让超凡走入了公众的视野，那么《开讲啦》就让大家认识到了一个有血有肉、温暖的女孩张超凡。

张超凡在节目中告诉大家："生活不像我们想象的那么好，也绝不像我们想象的那么差。有时候我们的脆弱和我们的坚强，真的会超乎自己的想象，就看你有一颗多么强大的内心，能够推动着你，做到最好。"

研考中的超凡

难忘对艺术的初衷，超凡又一次以总分第一的优异成绩考入吉林艺术学院。从文化课到专业课，她对每一科都尽心竭力，这让我们真切感受到一代青年的精诚与进取。除了美术、演讲、书法，内外兼修的超凡在多个领域都留下了自己的成长足迹。她说："青春就是去奋斗、去拼搏的。我觉得青春就是要创造无限的可能，发现无限的可能，把各种可能做到一个自己认为的极致。"

我的学生超凡

2016年初夏，应印权先生和超凡之邀，我参观了超凡的学校——国学书画院。校舍地处喧嚣却遗世独立，中式大气的装修都出自于超凡的创想。

超凡从四岁开始习画，二十年的时光里她的专业课不需要我过多的嘱咐：造型的严谨、画面的内容与情感的把控都非常不错。作为她的老师，我只希望她能够在快乐与幸福的生活中去追求自己所热爱的，因为热爱就是最好的老师。

如果事与愿违，

请相信上天一定另有安排。

所有失去的,

终将会以另一种方式归来。

我们看到这样的一个张超凡:

持守、善良、阳光、向上、勇敢……

　　佛法有"离三心""破四相"之谓: "凡所有相,皆是虚妄。若见诸相非相,即见如来。"如果青春是这样的平凡,如果青春是这样平凡中的不凡,我们是否可以认知这可登净土,可见如来?

北京工商大学

副教授 田建华

天使在人间

得知超凡的新书即将出版，我十分欣慰，为她，也为我自己了却一番心愿。

超凡是我最得意的门生，也是最特别的一个。

她在北京工商大学读书时，我是她们当时"演讲与口才"协会的指导老师。从第一天见到她起，我便格外喜爱她，这种喜爱并不是对她失去手臂的怜爱，而是发自内心的喜爱。这个女孩的脸上总是挂着自信的微笑，能像阳光一般感染她身边的人。而她的故事同她的人一样，给人以温柔却有力量的正能量。同学们戏称她为"超凡蜘蛛侠"。

和她在一起，你会为她的好学和努力所感动，会相信，只要努力，就会得到生活的偏爱。作为她的指导老师，我也情不自禁地被她所感染。我喜欢她的演讲，在校期间，她的每一场演讲我都会去看，并为她准备鲜花和她爱吃的巧克力。每次演讲结束后，超凡常会找到我，要我提意见，看看哪里还有不足，哪里需要改正。也正是因为这一次次的精进，她的演讲才越来越驾轻就熟。

我经常将她的故事分享给学生们听，希望他们可以从中体会到，每个人都能靠坚强的信念和不懈的努力来实现自己的价值。有时我也会想，如果能将她的故事写本书就好了，让更多的人看到。令我欣慰的是，这件事超凡自己完成了。

这本《有幸被照亮，也想成为光》，就如同超凡本人一样，可以给我，相信也可以给很多人以不可计量的温暖。

"人的本性就在于知其不可为而为之"，康德这句话非常适合超凡。"超凡蜘蛛侠"，一个"乐观、独立、坚强、正能量爆棚的女孩"，她有着无坚不摧的力量，永远都能把危机看成转机，把障碍看作鞭策和激励！即使不被理解也专注于自己的梦想，并坚信生活会有更大的天地。

"士不可以不弘毅，任重而道远。"在以"科技与文化融合，科技与生活同行"为主题的2012年首都大学生科普演讲比赛中，超凡结合社会生活探讨当代青年与科技发展的密切关系，用充满激情活力的语言，获得了二等奖（总分第三名），与一等奖只有0.12分之差。那时候的她在舞台上虽然表现得很大气，可在回来的路上却委屈地哭了。我告诉她："不久的将来，我们超凡会成为最闪亮的那颗星。"

自此之后，超凡有了新的目标，也收获连连。她获得了2012年北京市"三好学生"和国家奖学金；与奥运跳水冠军高敏共同被授予第二届"诚信中国节·诚信楷模及宣介大使"荣誉称号；同年9月，入选"我的梦·中国梦"首都大学生优秀事迹报告团。乐观、坚强的超凡用最顽强的毅力创造和守护着自己的梦想，她用右手撑起一片晴空，在超凡脱俗中梦想成真。

功夫不负有心人，在2014年世界华人演讲家大同盟、中国演讲协会、高邑县委县政府联合举办的"中国梦·我的梦"2014"中国·高邑·千秋杯"全国大学生演讲大赛暨首届全国中学生演讲大赛中，超凡更是借高邑这个富有历史使命感的舞台与大家分享她的领悟：每个人都应该学会迎接痛苦、医治痛苦、化解痛苦，让痛苦钙化，成为我们坚强生命的一部分；都应该珍惜每一个可能的开始，热爱自己生活的全部；不断超越敌意和恐惧去探索新的可能性。

"天行健，君子以自强不息。"超凡用乐观、坚强、毅力坚守梦想，她的经历和感悟为她赢得了全场最多的满分，通过历时三天的三轮比赛，她在七百多位参赛选手中脱颖而出，获得一等奖（第一名）。

超凡曾告诉我，她小时候最喜欢的故事是《灰姑娘》，因为灰姑娘的妈妈告诉了她：一个人最不可或缺的品质是坚强而勇敢、善良而仁慈。有善良的地方，就有美德；有美德的地方，就会有奇迹。我特别感谢超凡的父母，能够赋予女儿以高贵品质和情商，给了我们生活的世界这样美好的姑娘！

林中有路。每人各奔前程，但却在一林中。每个人的人生都是不断剔除枝叶走向主干的过程。

我们亲爱的超凡是不断进击的天使，她用超凡脱俗的人生把坚定不移的、光辉灿烂的理想主义传递给了每一个人，让我们懂得"勇士的荣誉是在战场上赢得的"；让我们懂得"你的生命一如他人，每个生命都会下雨"；让我们懂得"生命的关键不是拥有，而是存在"……

这是难以估量的价值。

我忽然想起曾经看到过的一首小诗：

> 他们望不了多远
> 他们望不了多深
> 可是谁能挡住
> 他们向沧海凝神

人生的最高价值，人类生存的真正本质，就在于它的审美性。人世间，唯有审美活动，才使日复一日的平庸生存过程和有限的语词符号，变成富有诗性魅力和充满创造性的奇幻艺术力量，带领我们永不满足地追求、鉴赏和回味人生及历史的审美蕴涵，将历史从过去的牢笼中解脱出来，使它顷刻间展现成缤纷的长虹，架起沟通现实与未来的桥梁……我们也应像"欧元之父"蒙代尔那样，哭过、笑过，但是最重要的是，要走自己的路……

去努力寻找和担当历史赋予自己的那一份无上的光耀！

晋代左思在他的《咏史八首》中说："铅刀贵一割，梦想骋良图。"著名的爱国诗人陆游在他的《病起书怀》中教育我们："位卑未敢忘忧国。"生活在这样伟大的时代，我们坚信，这本书只是一个开始，亲爱的超凡的故事，会越来越精彩！

后记

贺青春我们不老，川分流你我不散

冬日里，晴天最可爱。

你那里是晴天吗？是天朗气清，阳光普照，日头安稳，仿佛未来很长；还是刚刚好，喜欢的人正在笑？

转眼间，我由最初的用这五根手指一个个字母找着按，到如今敲键盘能找到节奏一般洋洋洒洒地写了十余万字，不知道此时此刻手捧此书的你，读到这里有没有一丝丝的不舍。即便你我已经各安天涯，也不要难过，因为你同样是这本书中的主人公，我们在同一行文字中，一同微笑，头上掠过的依旧是同一阵风，用四个字形容就是：青春无悔。

生命中有多少不期而遇的偶然，就有多少命中注定的相逢。

此刻的我，带着精细的妆容，一路与星星为伴回到梅地亚酒店，准备完成最后这篇后记。路上我仔细地端详着眼前的北京星光影视城，不得不感慨这里比五年前更有"人情味"了。曾经连找个小超市都要走很久的院内，如今已经随处可见星巴克，有各种特色餐厅、童星培养基地、青年社区了。我仍记得第一次来这里我还是个大一的学生，从学校团委那里得知有机会可以到现场观看央视的节目录制，我们宿舍六个姑娘兴奋得半宿都在挑选第二天要穿的衣服，在口袋中塞好见到明星随时都要掏出来签名的小本；仍能清楚地记得录制那天，我们有序地排队过了安检，我随着队伍坐到了倒数第二排，现场导演在环顾观众席的时候，将我调到了第一排，原因只有一点：我笑起来的样子很暖。

那是我第一次离明星那么近，那时小小的我看到她拿着麦克风侃侃而谈，笑脸盈盈，一袭蓝白相间的薄纱长裙，美得如同神话，浑身散发着光芒。当时我在想，她的爸爸妈妈，虽然隐没在聚光灯的阴影里，但内心得有多骄傲啊。总有一天，我也要带给爸妈那样升腾的感动。

五年后的今天，我站在了3600平方米的央视录制现场，董卿姐姐说道："下面，让我们掌声有请张超凡。"一束追光灯打在我的身上，也照亮了前方的星光之路，在曲声悠扬中我从水中央走来。"清水出芙蓉，天然去雕饰。大家好，我是张超凡。"我对全场观众讲述我的故事，微笑着在自己的回忆中流着别样的眼泪。董卿姐姐眼含泪花地对我说："超凡，你今天的开场堪称惊艳！你的到来让这个舞台有了灵气，相信如今的你不仅仅是父母的骄傲，更是我们所有人的骄傲。"

这场相遇的美好之处就在于：当年那位身着蓝白相间薄纱长裙的主持人，正是董卿。

曾有人问我为什么要录制电视节目，我对着镜头说了句："我想告诉所有温暖过我的人，小超凡，长大了。我会带着所有人的爱，披荆斩棘，勇往直前！"

这一刻的我无比幸福，正如大家所一直期待与祝福的那样。

命运并不是高高在上的掌控者，更多的时候，它是默默陪伴并且随时张开胸怀拥抱你的守护神。它给你的礼物有时候会晚一点儿，慢一点儿，波折一点儿，只是为了用心扎个漂亮的蝴蝶结。

仍记得我第一次被小朋友嘲笑，哭着奔回家向妈妈抱怨："我到底犯了什么错，难道我就不配拥有一双手吗？"妈妈抱着我也哭了，可柔弱的她却坚定地说："超凡，有时候上天没有给你想要的，不是因为你不配，而是你值得拥有更好的。相信妈妈，生活会厚待每一个努力并热爱它的人。"

上天从未抛弃过每一个努力奔跑的灵魂，也不曾辜负过每一个擦肩而过的生命。

阳光和微风，从不曾有过偏心，每个人都可以做那个最勇敢的自己。

　　想要就去争取，我们天生就是战士。细细算来，我与晓敏姐和好哥自《一站到底》特别节目《英雄联盟》后已经有三百多个日子不曾见过，可每个周一我都会和爸爸妈妈如约守候在电视机前看这些给予我力量的可爱的人，每当好哥提到"斯柯达，超凡实力，实在不简单"的时候，我就会不由自主地想，他们会记起曾经那个叫"超凡"的女孩吗？

　　直至收到好哥夫妇为我写的序，那段日子里他们正在筹划和录制《美丽中国》，身体极度透支，我恨不得设计出一双穿着永远也不会累的高跟鞋送给晓敏姐，这样她就可以和好哥上演一场更轻松又完美的视听盛宴了。录制间隙他们为了这篇序大改了三四稿，一字一句，带给我的是"一站到底"的勇气和感动。

　　每次问及什么时候来东北招募时，导演组庆阳就会打趣道："北国的冬天我们真心吃不消，等春暖花开我们就去长春找你！"其实，问这句话的背后我只是想说："我想你们了，我想把我身边最好的风景带给《一站到底》的家人们。"

　　谢谢好哥坚毅的眼神、晓敏姐温暖的拥抱、庆阳给力的祝福、曼曼和冉冉脑洞大开的金句，还有台前幕后的每一位，是你们让知识有了温度，让我遇见了雪茹、喵婶、邱老干部、祥哥、熊熊队长、胡晓女王，还有期待我新书超越新的一年任何一件事的新异，等等。因为一群人，我爱上了一座城。

　　我爱微笑，因为它让我相信任何事情都会有转机，让我相信命运的宽厚与美好。

　　前些日子，我的学校来了一个很特别的女孩。那天是周六，艺凡最忙的日子，前台老师说有一位妈妈带着女儿坐了二十多个小时的硬座，从温州专程来看我。这个小女孩有些行动不便，崔老师隐晦地说道。我心头一顿，马上放下手头的工作跑到大厅，见到这个穿着一件粉色格子衬衫的姑娘，我马上迎过去给了她一个拥抱。她开心得合不拢嘴，反复说着："超凡姐姐抱我了，超凡姐姐好温暖。"我将她和母亲请到了我的办公室，聊天中我得知这个姑娘叫嘉嘉，可以称得上是我的"超级迷妹"，我的每一期节目、说的每一句话她都记得，她在出生的时候由于严重缺氧导致小儿麻痹，行动不便。"超凡姐姐，长春的火车站好长，我走得腿都要折掉了。可想到马上就能见到你，我连晕车都顾不上了。"听到她的话我特别想哭，可我不能，因为爱我的人会伤心。

　　在嘉嘉参观画室的时候，我悄悄地问了她的母亲，是什么样的动力支撑她带着女儿不辞万里地来到长春，她淡淡说了句："只要对我姑娘有帮助，多远我都陪着她，这辈子我都想在她身边照顾她。"在那一刻，我才理解了妈妈对于我那份特别的感情，它的名字叫陪伴。从长春到温州的火车很少，她们决定参观完书山校区就去火车站赶着买下午三点的火车，我说我会将她们送到车站，嘉嘉开心地用力鼓掌："太好了！哪怕跟超凡姐姐多待一分钟，就一分钟也是好的！"我想送嘉嘉一份礼物，得知她喜欢书法，我将一整套的书法工具赠予了她："嘉嘉好好练习书法，写的作品随时可以发给姐姐看，等明年我要是回南京《一站到底》返场，我就邀请你去看，要带着你的作品哦！"

嘉嘉开心地答应着，带作品那是我为她树立的小目标，写书法是因为我想送给这个姑娘一技之长。正如我的授业恩师朱臣教授所说的那样："有时候，没有祝福，就是最好的祝福。"我想要将书画带给我的快乐传递给更多人。2016年在残联的帮助下，我建立了"超凡公益梦想课堂"，无偿辅导了二百多个山区家庭特困或是肢残的孩子学习画画，让她们眼中高高在上的艺术走入生活。他们看到我来了，会主动问我要一个"爱的抱抱"，然后将微笑挂在脸上，用颤抖的双手绘制出属于自己的生命传奇。

我的幸福之花绽放了，二十四岁的我有幸当选第十五届长春市最年轻的人大代表，为弱势群体代言，我不知道自己身上有怎样的一股力量，有人愿为我往返四十余小时硬座穿越人海只为了一个拥抱，我会将这份温暖的神奇之火传递下去。

阳光温热，岁月静好。向上向善，情深谊长。

在共青团长春市委、共青团吉林省委的推荐下，我有幸当选"2016共青团中央全国向上向善好青年"。仍记得在乌镇参加世界互联网大会的时候，共青团中央第一书记秦书记鼓励我要立心、立行、立身，如我的名字一样超越自我，凡事就皆有可能。

我想用实际行动证明，我们"90后"，不但是玩酷的一代，也一定会是靠得住的一代！正如在《焦点访谈》中我所说的那样，撕掉标签，做最真实的自己。

时间是很奇妙的东西，不用听不用说，它用大把的未知，填补着曾经的那些困惑。时光的纹路件件精雕细刻在我的眉间心上，穿过繁华落寞。

好友川曾说过："我的女神，善良的姑娘运气永远都不会差，你就是那样的温柔女战神，放手去追寻自己想要的、喜欢的，我们愿与你不念过去，共享未来。"

成长由两部分组成，一半是对美好的追求，一半是对残缺的接纳。所有的好运与气质，藏在你走过的路、读过的书和爱过的人身上。

人大崔主任对我说："小姑娘，你可是年纪最小的人大代表，大家喜欢你是因为你身上有超凡无限的力量，善行者，天亦助。"

古人也说吉人自有天相，想要有好运气，只要心存善念，做一个好人。心向善，是一场互动；你善人，命运也自然会偏爱你多一点。

谢谢中国残联，为我插上了梦想的翅膀；谢谢共青团中央，为我吹来了生命中的东风；谢谢吉林省军区、吉林省团委、吉林省教育厅聘请我与"温太医"张晓龙共同担任"2016国防宣传大使"，为国防事业贡献自己的一份力量；感谢我的家乡长春为超凡所创造的一切机会，让我这个"90后"姑娘可以直挂云帆济沧海；谢谢《新闻联播》《新闻直播间》《焦点访谈》《一站到底》《开讲啦》《惊喜连连》以及新华社、人民日报、光明日报、中国青年报等各大媒体记录了我的成长；谢谢爸爸妈妈及家人二十余年无悔支持；谢谢超凡所有的授业恩师给予我知识；谢谢书山和艺凡团队愿与我披荆斩棘；谢谢每一位朋友伴我走过了春夏；更要感谢此刻正在阅读这本书的你，与超凡分享这份温暖。

我愿为每一个勇敢前行的人点赞。我们穿梭于四季流转的变换中，无论此时的你是什么样的心情，都是生命中不一样的体验；无论现实多么冰冷残酷，只要一片叶子落下，就会有新的嫩芽出现，就像壁虎一样，受了伤不再是抑郁，而是抛弃无用的尾巴，长出一条新的来。

我们都一样，一样的努力，一样的善良，一样地全力以赴去追求自己的梦想。你在人海中微微一笑，因为这个微笑，隔着千山万水，我也想穿越人海拥抱你。

因为你所在之处，就是我所思念的远方。

你在我的航程里，我在你的视线里。

"行到水穷处，坐看云起时。"拥有这样的胸襟，方能"好风凭借力，送我上青云"。素日流水，谁与流年。深情如海，味之不尽。在时光的倒影里，超凡将永远记得你们对我的爱，五味杂陈的日子里，抖落心灵的灰雨，重披一身灿烂夺目的星光。

合上这本青春之书时，

道一句：

贺青春我们不老，川分流你我不散。

张超凡

2016年12月